Sonne
für die
Seele

Norbert Lechleitner

Sonne für die Seele

*211 überraschende
Weisheitsgeschichten,
die jeden Tag
ein wenig
fröhlicher machen.*

HERDER

FREIBURG · BASEL · WIEN

*Diese 211 Weisheitsgeschichten sind eine Zusammenfassung
aller Texte aus den beiden Erstausgaben „Sonne für die Seele"
und „Flügel für die Seele", erschienen im Verlag Herder,
Freiburg im Breisgau 1999 / 1998.*

Neuausgabe 2008

© Verlag Herder GmbH, Freiburg im Breisgau 1998 / 1999
Alle Rechte vorbehalten
www.herder.de

Umschlagkonzeption und -gestaltung: Hermann Bausch
Satz: Layoutsatz Kendlinger
Herstellung: fgb · freiburger graphische betriebe
www.fgb.de
Gedruckt auf umweltfreundlichem, chlorfrei gebleichtem Papier
Printed in Germany

ISBN 978-3-451-29837-0

Inhalt

I. Licht ist das erste Geschenk

1. Unerfüllbar — 11
2. Zu billig — 13
3. Musik — 16
4. Wirkung — 18
5. Bereit — 19
6. Im Grunde aller Dinge — 21
7. Himmel und Hölle — 22
8. Ungenutzt — 23
9. Verinnerlicht — 24
10. Segenswunsch — 26
11. Richtungswechsel — 27
12. Diagnose — 29
13. Einfache Regel — 30
14. Altes Leiden — 32
15. Ausgeglichen — 33
16. Nach innen — 34
17. Ein Klang — 35
18. Wahrheit — 36
19. Erkenntnis — 37
20. Verdienst — 38
21. Entscheidungen — 39
22. Hilfe — 40
23. Falsche Frage — 42
24. Eintritt — 43
25. Hindernis — 44
26. Ohne Angst — 45
27. Vergossen — 47
28. Der Tierbändiger — 50

II. Die Sonnenuhr zählt die heiteren Stunden nur

29. Gottesurteil — 53
30. Vorteile — 54
31. Lob — 55
32. Unwahrheit — 56
33. Blumensprache — 57
34. Weitsichtig — 58
35. Konsequent — 59
36. Verlust — 60
37. Das Beste — 62
38. Aussicht — 64
39. Mitleid — 65
40. Familie — 67
41. Zeit genug — 68
42. So einfach — 69
43. Günstig — 70
44. Initiative — 71
45. Genau jetzt — 72
46. Einleuchtend — 73

47. Gefährlich	74	68. Nicht betroffen	104
48. Methode	75	69. Unterschied	105
49. Verwandlung	76	70. Uneins	106
50. Enttäuschung	77	71. Gottvertrauen	107
51. Suchen und Finden	78	72. Reichtum	108
		73. Zeit haben	109
		74. Verschüttete Milch	111
III. Wir können nicht		75. Möglich	112
leben, wenn wir die		76. Geschenk	113
Sonne nicht suchen		77. Im Einklang	114
52. Ewiges Leben	79		
53. Fesselnd	80	*IV. Dunkelheit kann das*	
54. Wesentliches	82	*Licht nicht löschen*	
55. Harmonie	84		
56. Hinwendung	85	78. Pflichterfüllung	115
57. Gelassen	87	79. Inbrunst	118
58. Vergebung	88	80. ...und auf Erden	119
59. Die Leute	89	81. Angebot	120
60. Schönheit	90	82. Frustkauf	121
61. Hingabe	92	83. Gute Freunde	123
62. Ausstrahlung	93	84. Trost	124
63. Freiheit	94	85. Eine Frage	
64. Füreinander		der Ehre	126
bestimmt	96	86. Süße Verführung	128
65. Gerüchteküche	98	87. Zustände	129
66. Pragmatisch	100	88. Abhängig	130
67. Unverständlich	102	89. Dankbarkeit	133

90. Fürsorge	136	114. Gelassenheit	168
91. Wachsein	137	115. Höchstpersönlich	170
92. Urteil	138	116. Gottes Liebe	171
93. Äußerlich	139	117. Das Beste	172
94. Überwinden	140	118. Beharrlichkeit	173
95. Entlastet	141	119. Zuverlässig	174
96. Therapie	142	120. Erfahrung	175
97. Das Floß	143	121. Natürlich	177
98. Beurteilung	145	122. Geteiltes Leid	178
99. Wechselfälle	146	123. Dazugelernt	179
100. Tag für Tag	147	124. Beschämt	180
		125. Verändern	182
		126. Entstellt	184

V. Das Leben wagen

127. Das Wort
    des Menschen 185

101. Zusammenhalt	149	128. Günstig	189
102. Tore	151	129. Hilfsbereit	190
103. Zuviel gewollt	152	130. Spende	191
104. Kultur	153	131. Aufrichtig	192
105. Verstanden	154	132. Gute Wünsche	194
106. Bekehrung	156		
107. Was fehlt	157		
108. Federlesen	159		
109. Brüderlich geteilt	160

VI. Dem wahren Glück
begegnen

110. Ein dicker Fisch	162		
111. Unsterblich	163	133. Kleinigkeiten	195
112. Berge versetzen	164	134. Weitsichtig	196
113. Falscher Stolz	167	135. Elixier	198

136.	Erstaunen	199	158.	Bedeutung	223
137.	Bitternis	200	159.	Selbstverleugnung	224
138.	Wiederverwertung	201	160.	Gleichgestellt	225
139.	Danken	202	161.	Verkannt	226
140.	Rezept	203	162.	Wofür man kämpft	227
141.	Eigenleistung	204			
142.	Unbeschwert	205			

*VIII. Erstaunliches
entdecken*

*VII. Wesentliches
erkennen*

			163.	Goldfinger	229
			164.	Schwer erträglich	231
143.	Still werden	207	165.	Sicherheitshalber	232
144.	Nur bei mir	208	166.	Erleuchtung	234
145.	Geduld	209	167.	Gründlich	235
146.	Nutzlos	210	168.	Zufrieden	236
147.	Davongekommen	211	169.	Fallengelassen	237
148.	Unbekannt	212	170.	Gehörnt	238
149.	Billig	213	171.	Schuldfrage	239
150.	Genug	214	172.	Vorausschauend	240
151.	Einfache Fragen	215	173.	Wirkung	241
152.	Nichts für nichts	216	174.	Zielgerichtet	243
153.	Vertrauen	217	175.	Kurzzeittherapie	244
154.	Überschätzt	218	176.	Zu eng	246
155.	Egoistisch	219	177.	Einstellung	247
156.	Aufnahme-		178.	Mutter	248
	bereitschaft	221	179.	Verzichtbar	250
157.	Ausdauer	222	180.	Haarig	251

181.	Wie man hineinschaut	252	195. Elefantastisch	267
182.	Ablenkung	253	196. Innen und außen	268
183.	Unausweichlich	254	197. Kein Neid	269
184.	Großzügig	255	198. Der Hund der Begierde	270
185.	Vorbereitung	256	199. Verschwindend	271
			200. Sehnsucht	272
			201. Einsicht	274

IX. Der Hoffnung vertrauen

			202. Falsche Voraussetzungen	275
			203. Andererseits	276
186.	Fundort	257	204. Zuhören	277
187.	Papierform	258	205. Ruhe finden	278
188.	Beispiel	259	206. Nichts verpaßt	279
189.	Das Eine	260	207. Sinnsuche	280
190.	Erkenntnis	261	208. Erhellend	281
191.	Gerecht	262	209. Schwarz und weiß	282
192.	Verstehen	264	210. Bedeutungslos	283
193.	Lebensglück	265	211. Schweigen	284
194.	Wie ein Boot	266		

Ein Wort zuvor

„Immer erhellt das kleinste Licht sogar die tiefste Dunkelheit", sagte der Meister. „Und niemals kann die Dunkelheit das Licht auslöschen."

Diese alte Erkenntnis ist den Menschen ein Trost seit Urzeiten. In vielen Geschichten wurde diese Weisheit überall auf der Welt den Menschen von Generation zu Generation weitergegeben.

Heute denkt kaum jemand darüber nach, daß das Licht die Dunkelheit erhellt. Man braucht ja nur auf den Schalter zu drücken. Dann wird es hell, man kann sich orientieren und findet sich zurecht.

Wenn es aber in unserem Innern dunkel wird, wenn wir keine Hoffnung mehr haben, dann steht uns kein Schalter zur Verfügung, der uns auf Knopfdruck die Finsternis von der Seele nimmt. Wem die Dunkelheit die Seele einhüllt, der fühlt sich zurückgeworfen auf die Urängste des Menschen vor der Finsternis, die ihm die Orientierung nimmt und ihn hilflos macht.

Immer mehr Menschen geraten in seelische Not, weil ihr inneres Licht zu erlöschen droht. Vielleicht haben sie nie gelernt, daß sie sich um ihr Licht kümmern müssen. Doch sind wir auf dieses Licht in unserem Innern immer noch angewiesen. Es ist unerheblich, welchen Namen wir ihm geben: Glaube, Liebe, Sehnsucht oder Zuversicht. Wichtig ist nur, daß es nie verlöscht. Es ist das wirkliche Lebenslicht, das uns die Kraft zum Leben, den Sinn, die Erfüllung, die Wärme gibt, aus der heraus wir auch anderen geben können. Denn auch in den dunkelsten Stunden des Lebens bleibt uns die Gewißheit: Die schwärzeste Finsternis vermag das kleinste Licht nicht zu verdrängen!

Nicht nur diese Weisheit haben die alten Weisen vieler Kulturen in immer neuen Varianten erzählt, um dem kleinen Licht im Innern neue Kraft zu geben oder es von neuem zu entfachen. Manchmal kann von einer solchen Geschichte ein zündender Funke überspringen, der dem inneren Licht neue Leuchtkraft gibt. Immer aber können die Geschichten wie ein Sonnenstrahl unseren Alltag erhellen und durch ein Lächeln ein wenig fröhlicher machen.

Norbert Lechleitner

I. Licht ist das erste Geschenk

1. Unerfüllbar

In uralten Märchen verschiedener Völker wird von einem König erzählt, der einem alten Weisen einen Wunsch erfüllen will. Der Weise hatte sich gewünscht, daß der König ihm seine Schale mit Goldstücken füllen möge. Das schien dem König eine Kleinigkeit zu sein, doch groß war seine Verwunderung, daß die Schale nicht voll wurde, obwohl doch schon ein ganzer Sack mit Gold in sie geleert worden war. Der König hatte sogar den Eindruck, daß die Schale immer leerer wurde, je mehr Gold er hineingab. Das Gefühl der Scham und Enttäuschung beschlich ihn, daß er dem Alten einen einfachen Wunsch nicht erfüllen könne.

„Wenn du mir die Schale nicht wie versprochen füllen kannst, so sage es nur. Ich werde sie wieder an mich nehmen und gehen."

Nachdenklich sah der König den Weisen an. Wie konnte es geschehen, daß er mit seinem großen Reichtum und trotz all seiner Großzügigkeit die Schale nicht hatte füllen können?

„Sag mir, du Weiser, wie ist das möglich? Verrate mir das Geheimnis der Schale. Denn ein Zauber muß mit ihr verbunden sein."

„Diese Schale ist in der Tat eine besondere Schale", antwortete der Alte. Sie trägt das Geheimnis eines jeden Herzens in sich. Sie gleicht dem Herzen der Menschen, die nie zufrieden sind. Du kannst es füllen, womit du willst, mit Reichtum, Schönheit, mit Liebe, mit Wissen, mit Macht, mit Lebenslust, mit allem, was es gibt. Doch du wirst es nie füllen können, weil es nie erfüllt sein wird.

Weil der Mensch dieses Geheimnis des Lebens nicht kennt oder es vergessen hat, strebt er beständig nach allen Dingen, die er vor sich sieht; gleich wie der Esel, dem ein Bündel saftiger Klee an einer Stange vors Maul gebunden wurde. Und je mehr ein Mensch bekommt, desto mehr wünscht er sich, und die Schale seines Verlangens kann er niemals füllen."

2. Zu billig

Ein König ritt mit großem Gefolge zur Jagd. Als der Hirsch im Gehölz erspäht wurde, überließen die Jagdgefährten dem König die Führung, und er jagte im wilden Galopp dem fliehenden Wild hinterher. Immer weiter entfernte er sich von seinem Gefolge, doch plötzlich hatte er den Hirsch aus den Augen verloren.

Suchend streifte der König umher und traf endlich auf einen Bauern, der weinend unter einem Baume saß, sich die Haare raufte und auf die Ungerechtigkeit der Welt schimpfte. Der König ging zu ihm hin und fragte nach dem Grund seines Kummers.

„Herr", antwortete der Bauer, „ich hatte eine einzige wunderbare Melone, die ich mit größter Sorgfalt hegte und pflegte und mit viel Geduld aufzog, denn sie war mein ganzer Besitz. Herrlich war ihre Farbe anzusehen, köstlich war ihr Duft. In zwei Tagen wollte ich sie zum Markte tragen, um mit dem Erlös ihres Verkaufes mein Leben zu fristen. Doch vor wenigen Minuten hat ein Offizier aus der Gefolgschaft des Königs mir meine Melone, meinen einzigen Besitz, geraubt. Ich weiß nicht, was nun werden soll. Wovon soll ich denn jetzt meine Kinder ernähren?"

„Beruhige dich, guter Mann", sagt der König, „ich werde alles in meiner Macht stehende tun, daß du dein Eigentum wiederbekommst." Nachdenklich ritt der König zurück, bis er zu dem Platze kam, wo die Jagdgesellschaft bereits die Zelte aufgestellt hatte. Der König rief einen seiner Diener zu sich und sagte: „Ich habe große Lust, Melonen zu essen. Aber in der ganzen Gegend scheint es keine zu geben. Wenn du trotzdem eine für mich finden kannst, will ich sie gerne teuer bezahlen."

Eilig lief der Diener los, fragte jeden im Lager, ob er zufällig eine Melone habe, da der König sich eine wünsche. Er ging zu jedem Zelt, bis er endlich auf den Offizier traf, der dem Bauern die Melone gestohlen hatte. Gerade wollte sich der Dieb mit einem großen Messer in der Hand über die prächtige Frucht hermachen, als ihm der Diener in den Arm fiel und rief:

„Halt' ein! Dein Glück ist gemacht, wenn du auf sie verzichtest und sie dem König bringst, denn er hat gerade große Lust, eine Melone zu essen, und im ganzen Lager ist sonst keine einzige zu finden. Er wird dich sicher reichlich entschädigen, wenn du ihm die Melone überbringst."

Der Dieb rechnete sich einen großen Vorteil aus. Sofort nahm er die Melone und lief zum Zelt des Königs. Dort waren einige Gefolgschaftsleute versammelt, aber sie ließen ihn sofort vor den König treten, dem er kniend die schönste aller Melonen darbot.

„Nehmt den Dieb gefangen und legt ihm eine Kette um den Hals!" befahl der König, „und bringt mir den Bauern, damit ihm Gerechtigkeit widerfährt."

Dem Bauern gab er die Kette mit dem verstörten und kleinlauten Dieb in die Hand und sagte: „Er gehört dir. Nimm ihn mit, er ist nun dein Sklave. Verkaufe ihn oder behalte ihn, ganz wie es dir gefällt."

Der Bauer dankte dem König und führte den Dieb an der Kette mit sich fort. Sobald sie sich aber von dem Lager entfernt hatten und den Blicken der Jäger entschwunden waren, fing der Dieb an, mit seinem neuen Herrn über seine Freiheit zu verhandeln. Er betonte, daß er ein Offizier und kein armer Mann sei und die Lust nach der Melone ihn einfach übermannt hätte. Sonst sei er kein Dieb, sondern ein ehrlicher Soldat, und er biete dem Bauern fünfhundert Goldstücke – viel mehr als er je für hundert Melonen bekommen hätte, ganz zu schweigen für eine einzige – wenn er ihn nur freiließe.

So viel Geld hatte der Bauer noch nie besessen, und ohne sich weiter zu bedenken, willigte er in das Angebot ein, das ihm überaus vorteilhaft erschien. Der Bauer ließ den Dieb frei, nahm von ihm einen Beutel Gold entgegen und lief mit ihm voll Freude zurück ins Lager, um dem König den günstigen Handel zu melden.

„Du bist mit einem viel zu billigen Preise zufrieden gewesen", erklärte der König, „denn das Gesetz erkannte dir sein ganzes Vermögen zu, weil er dir alles genommen hatte, was du besaßest."

3. Musik

Eine indische Legende erzählt von Tansen, der ein berühmter Musiker am Hofe des Großmoguls Akbar war. Nach einem Konzert fragte der Herrscher einmal: „Sage mir, verehrter Meister, wer hat dich deine Kunst gelehrt?"

„Mein Lehrer ist der größte Musiker, den ich kenne", antwortete Tansen, „aber ihn einen Musiker zu nennen, ist eigentlich zu ungenau, denn er ist mehr als das, er ist Musik."

Neugierig geworden, fragte der Herrscher: „Warum hast du ihn mir vorenthalten und ihn mir nie vorgestellt? Bitte ihn herzukommen, damit ich ihn hören kann."

„So leid es mir tut, aber ich kann ihn nicht herbitten. Er lebt sehr zurückgezogen in den Bergen, die er niemals verläßt", erwiderte Tansen.

„Dann will ich dahin gehen, wo er ist, denn ich will, daß er für mich singt!"

„Vielleicht wird es möglich sein, ihn aufzusuchen. Aber sein Stolz wird es ihm nicht gestatten, auf Befehl zu singen, auch nicht vor dem Großmogul."

„Doch dich kennt er. Da du sein Schüler warst, wird er dich nicht abweisen. Darum will ich als dein Diener mit dir gehen", sagte der Herrscher.

„Wenn du das willst, finden wir vielleicht eine Möglichkeit, ihn singen zu hören", willigte Tansen ein.

Mühsam war der Aufstieg in die Berge des mächtigen Himalaya. Dort irgendwo hatte der Heilige seinen Tempel der Musik in einer Höhle, einsam gelegen, inmitten unberührter Natur. Es dauerte viele Tage, bis sie sich durchgefragt hatten, denn es schien, als wenn der Heilige seinen

Ort mehrmals gewechselt hätte, wenn er den Eindruck hatte, daß man ihm zu nahe kam. Tansen ritt zu Pferde, während Akbar als sein vermeintlicher Diener neben ihm herging.

So erreichten sie endlich auch das Heiligtum der Musik. Und als der Heilige erkannte, wie sehr der Herrscher sich erniedrigt hatte, um ihn singen zu hören, willigte er ein. Als seine Zeit gekommen war, daß er singen wollte, erhob er seine Stimme und sein Gesang war gewaltig.

Der Berg, der ganze Wald, alles schien in Schwingung zu geraten. Alles schien zu vibrieren. Der überwältigende Eindruck versetzte Akbar und Tansen in den Zustand der Entrückung, der inneren Ruhe und des niemals zuvor empfundenen, tiefen Friedens.

Als sie ihre Augen wieder öffneten, war der Gesang längst verklungen, und der Heilige verschwunden. Tansen erklärte, daß sie ihn auch niemals wiedersehen würden, denn der Heilige wüßte sehr wohl, daß derjenige, der das erlebt habe, es wieder erleben wolle, und sollte es sein Leben kosten. Es sei größer als irgend etwas sonst im Leben.

Zurückgekehrt an den Hof des Herrschers, fragte Akbar eines Tages seinen Musiker Tansen nach dem Namen der Melodie, die der Heilige gesungen hatte. Dann bat er Tansen, ihm diese Melodie zu singen. Der sang sie mit höchster Kunst, die dem Herrscher normalerweise helle Begeisterung abgefordert hätte. Doch diesmal schüttelte er den Kopf und sagte: „Ja, es ist dasselbe Stück, aber es ist nicht die gleiche Musik. Woran mag das liegen?"

„Der Unterschied ist darin begründet, daß ich für den Herrscher dieses Reiches singe. Mein Meister aber singt für Gott."

4. Wirkung

Der Meister hielt einen Vortrag vor einer ausländischen Gesellschaft über die Kraft der Worte, die im Verständnis der Religionen von zentraler Bedeutung sind. Am Ende des Vortrages stellte er sich der Diskussion.

Nach einiger Zeit erhob ein Teilnehmer die Stimme und sagte: „Ich habe mir das jetzt alles geduldig angehört, und ich finde nur bestätigt, was ich auch vorher schon wußte: Ich habe noch nie so viel dummes Zeug in so kurzer Zeit gehört!" Damit stand er auf und wollte gehen.

„Und Sie sind der größte Dummkopf, den ich in meinem langen Leben gesehen habe", erklang die liebenswürdige Stimme des Meisters inmitten des peinlichen Schweigens.

Wie vom Donner gerührt blieb der Geschmähte stehen, und mit hochrotem Kopf fauchte er: „Sie Scharlatan wagen es, mich, einen angesehenen Akademiker, einen Dummkopf zu nennen? Das wird nicht ohne Folgen für Sie bleiben!"

„Nun, als Akademiker werden Sie einsehen müssen, daß das Experiment gelungen ist: Erst behaupten Sie, daß Worte keine Kraft haben. Doch kann Sie das Wort ‚Dummkopf' derart aus der Fassung bringen. Was meinen Sie, welche Wirkkraft dann erst die Worte ‚Gott', ‚Wahrheit', ‚Liebe' bei denen haben, die sie verstehen?"

5. Bereit

Ein junger Mann aus vornehmem Hause, mit bester Erziehung und hervorragender Bildung kam zum Meister, um der Welt zu entsagen und um sein Schüler zu werden. Er wolle den langen, mühsamen Pfad zur spirituellen Erleuchtung gehen. Der Meister nickte nur und gab ihm die Arbeit eines Anfängers. Nun mußte der vornehme Jüngling die Räume der Schüler säubern, den Abfall hinaustragen und die Toilette reinigen.

Niemand von den Schülern wagte, ihn wegen der ihm zugedachten Aufgaben zu hänseln. Vielmehr waren sie alle peinlich berührt, daß der, der doch eigentlich zur Spitze der Gesellschaft gehörte, nun die niedrigsten Arbeiten erledigen mußte. Aus Mitleid mit dem Neuen versuchten sie, den Meister umzustimmen.

Doch der Meister blieb bei seiner Entscheidung: „Er muß diese Arbeiten tun, denn er ist noch nicht bereit."

Nach einiger Zeit kamen die Schüler wieder zu ihm und sagten: „Der Neue ist so freundlich zu uns allen, so feinfühlig und kultiviert, daß wir kaum mitansehen können, wie so ein feiner Mensch solch einfache Arbeiten verrichtet. Wäre es nicht besser, ihn mit anderen Aufgaben zu betrauen, die seiner Art mehr entsprechen?"

Der Meister liebte seine Schüler wegen ihres Mitgefühls, doch da sie den Sinn seiner Anordnungen nicht verstanden, sagte er nur, er wolle den Neuen prüfen.

Als dieser nun am nächsten Tag den Abfall hinaustrug, stieß jemand, der gerade um die Ecke kam, wie zufällig mit ihm zusammen, und der Abfall wurde ringsum verstreut.

Der Neue schaute mit zusammengezogenen Augenbrauen auf den Tölpel und knurrte: „So einfach wärst du früher nicht davongekommen."

Der Meister befand daraufhin: „Er ist noch nicht bereit."

Zwei Monate später wurde der Test wiederholt. Diesmal schaute der Neue nur auf, sagte aber nichts und sammelte den Abfall wieder zusammen. Und wieder urteilte der Meister, daß der Neue noch nicht soweit sei.

Monate später, bei der dritten Prüfung, sammelte der Neue den verstreuten Abfall gleichmütig ein und trug ihn fort. Da sagte der Meister: „Seine Zeit ist jetzt gekommen. Nun ist er bereit."

6. Im Grunde aller Dinge

„Die Weisheit ist verborgen, wie das Wasser in der Erde verborgen ist", sagte der Meister. „An manchen Stellen tritt es offen zutage, an anderen Stellen müssen wir tief graben. Unter der Oberfläche der Täuschung und der Falschheit finden wir die Wahrheit im Grunde aller Dinge." Um diesen Gedanken zu verdeutlichen, erzählte er folgende Geschichte:

„Ein einfacher Mann, der nie lesen und schreiben gelernt hatte, war von einem Lehrer in die Geheimnisse des Glaubens eingeweiht worden. Als sein Lehrer gestorben war, kam einmal ein fremder Weiser in den Ort und fragte ihn, ob er von jemandem in der wahren Lehre unterrichtet worden wäre.

‚Ja, mein Lehrer, der jetzt gestorben ist, hat mich unterrichtet, und ich war glücklich, von ihm zu lernen. Darum soll er ruhen in Frieden, und ich erbitte deinen Segen für ihn‘, antwortete der einfache Mann.

‚Leider muß ich dich enttäuschen‘, sagte der Weise. ‚Denn ich weiß mit absoluter Sicherheit, daß dein Lehrer ein Scharlatan war und kein wahrer Lehrer.‘

Der einfache Mann vernahm diese ungeheure Behauptung mir großem Gleichmut und entgegnete mit sanftem Lächeln: ‚Mein Lehrer mag falsch gewesen sein, jedoch mein Glaube ist nicht falsch. Und das genügt.‘"

7. Himmel und Hölle

Eine junge Frau, die Männer bei sich empfing und so ihren Lebensunterhalt verdiente, beobachtete einmal zwei Trauerzüge, die an ihrem Fenster vorüberzogen. Sie sagte zu ihrem Liebhaber:

„Ich bin sicher, daß die Seele des ersten Toten im Himmel ist und die Seele des zweiten in der Hölle schmort."

„Woher willst denn ausgerechnet du etwas von solchen Dingen verstehen, die allenfalls ein Heiliger verstehen kann. Und heilig bist du ja nun wirklich nicht", fügte ihr Liebhaber ironisch hinzu.

„Was ich behaupte, ist doch so offensichtlich, daß sogar ein so schlechter Kerl wie du es erkennen kannst", parierte sie seine Stichelei. „Wenn du aufmerksam hinschaust, wirst du bemerken, daß alle Leute, die dem ersten Sarg folgen, traurig den Kopf gesenkt und Tränen in den Augen haben. Diejenigen, die dem anderen Sarg folgen, gehen erhobenen Hauptes, weinen nicht, reden sogar miteinander, als hätten sie den Ernst der Stunde glatt vergessen.

Daraus folgt, daß der erste Tote ein liebenswürdiger Mensch war, dem viele in Zuneigung und Freundschaft zugetan waren, und darum ist er sicher in den Himmel gekommen.

Den anderen hat wohl niemand geliebt, und vermutlich auch keinen Anlaß dazu gehabt, denn niemand ist traurig über seinen Tod."

8. Ungenutzt

„Wer seine Talente, seine Fähigkeiten, seine Interessen, seine Sehnsucht oder seine Träume nicht nutzt", sagte der Meister, „der gleicht dem Manne, der in seinem Garten einen großen Schatz unter den Wurzeln eines Baumes vergraben hatte.

Jeden Freitag grub er ihn aus, wühlte mit seinen Händen in Gold und Juwelen und betrachtete seinen Schatz stundenlang im Schein seiner Laterne. Einmal hatte ein Dieb ihn beobachtet, der raubte in der nächsten Nacht das Versteck aus und verschwand mit dem Gold und dem Geschmeide.

Als der Geizige am Freitag darauf seinen Schatz ausgraben wollte, fand er nur eine leere Grube. Laut beklagte er seinen Verlust, verfluchte den Dieb, schimpfte und schrie, so daß die Nachbarn herbeieilten, um zu erfahren, was denn geschehen sei. So erfuhren sie von dem heimlichen Reichtum des Geizigen, und einer fragte ihn: ‚Hast du denn für deinen Lebensunterhalt nichts von dem Schatz gebraucht?'

‚Nie und nimmer hätte ich mich von einem der Goldstückchen getrennt und sie gegen etwas anderes eingetauscht. Ich bin nur heimlich jeden Freitagabend hergekommen, um sie in Ruhe anzuschauen.'

Da sagte der Nachbar: ‚Wenn du deinen Schatz bisher nicht gebraucht hast, kannst du genausogut weiterhin jede Woche herkommen und das leere Loch betrachten.'"

9. Verinnerlicht

*E*in gelehrter Pilger war auf dem Weg zu einem Heiligtum. Seit Tagen folgte er dem Lauf des Flusses, an dessen Quelle der Tempel stand, der sein Ziel war. Da hörte er, wie von jenseits des Flusses das heilige Wort seltsam verzerrt zu ihm herüberschallte: „MOM", voller Inbrunst gerufen. „MOM", hörte er wieder, und jetzt war er sich sicher, daß der Rufer das heilige OM (Frieden) falsch aussprach.

Der Pilger empfand dies als Frevel, und er faßte den Entschluß, den frommen Rufer zu belehren. An der nächsten Furt ließ er sich ans andere Ufer übersetzen. Dann ging er dem geheimnisvollen Ruf nach, bis er zu dem Rufer kam, der in tiefer Versenkung unter einem Baume saß und nach jeweils sieben Atemzügen sein tiefes „MOM" erschallen ließ. Jedesmal zuckte der Pilger zusammen, doch er mußte warten, bis der Rufer seine Meditation beendet hatte.

„Es bedrückt mich, dich frommen Mann belehren zu müssen", sagte der Pilger, „doch noch vielmehr schmerzt es mich, daß du das heilige Wort falsch betonst. Denn in den heiligen Büchern steht geschrieben, daß nur der zur Erleuchtung gelangt, der die Gebete richtig rezitieren kann. Wenn du also vollkommene Erkenntnis erlangen willst, dann lerne OM zu rufen."

Der fromme Mann bedankte sich herzlich für die Belehrung, denn er habe vieles vergessen, da sein Meister früh verstorben war und er nun seit Jahren hier in der alten Einsiedelei meditiere und bete, so gut er sich eben an die heiligen Formeln erinnern könne. Der Pilger verabschiedete sich in dem Bewußtsein, sich um das Seelenheil des Einsiedlers verdient gemacht zu haben, und er ließ sich ans andere Ufer bringen, um seine Pilgerfahrt wieder aufzunehmen.

Kaum war er einige Schritte gelaufen, da ertönte es wieder: „MOM". Der Pilger wollte es nicht glauben, daß jemand so schwer von Verständnis sei, und wieder hörte er „MOM", doch jetzt viel näher. Und dann wollte er auch seinen Augen nicht trauen, denn er sah den Einsiedler quer über das Wasser laufend auf sich zukommen. Augen und Mund vor Staunen aufgerissen stand er da und konnte sich angesichts des Wunders, das sich hier ereignete, nicht mehr rühren.

„Verzeih mir, mein Freund, daß ich dich aufhalte", hörte er den Einsiedler sagen. „Aber wie du mich belehrt hast, habe ich das heilige Wort so viele Jahre falsch ausgesprochen, daß ich es noch immer nicht begriffen habe. Bitte sprich es mir noch einmal richtig vor, damit ich Gott nicht beleidige."

10. Segenswunsch

Ein Schüler, der nach Jahren der Lehre in die Welt hinausziehen wollte, bat seinen Meister um seinen Segen.

Der Meister legte seine rechte Hand auf die Schulter des Schülers und sagte: „Du sollst immer genügend Sorgen haben."

Erstaunt sah der Schüler den Lehrer an und fragte ihn, was er ihm denn getan hätte, daß er ihm für die Zukunft Sorgen statt Glück und Segen wünsche.

„Deine Frage, mein Schüler, ist auch ein Zeichen dafür, daß du die Erleuchtung noch nicht erlangt hast. Denn ich sagte dir nichts anderes, als daß du dich immer der schönsten Gabe und des größten Glücks, nämlich deiner Gesundheit, erfreuen sollst. Denn sieh, der gesunde Mensch hat immer viele Sorgen. Der Kranke dagegen hat nur eine Sorge, nämlich die, gesund zu werden."

11. Richtungswechsel

Ein junger Mann kam auf seiner Wanderschaft in eine prächtige Stadt. Ein herrliches Schloß erhob sich auf einem Felsen über dem Fluß, und an seinen Ufern zeugten stolze Bürger- und Handelshäuser vom Reichtum der Bewohner. Obwohl die Sonne vom Himmel lachte und bunte Vögel in den Bäumen der Parkanlagen sangen, schienen die Menschen gedrückter Stimmung zu sein. Ein edles Pferd graste auf der Grünfläche, doch niemand schenkte dem schönen Tier die geringste Beachtung.

Der junge Mann fühlte sich von der seltsamen Atmosphäre um ihn her wie in einen Traum versetzt, denn von so einem rassigen Pferd, wie es hier nur wenige Meter vor ihm stand, hatte er bisher nur zu träumen gewagt. Er sprach den Einheimischen an, der gesenkten Hauptes an ihm vorübergehen wollte, und fragte, wem das Pferd gehöre, das so herrenlos durch die Stadt lief.

„Unser König ist vor drei Tagen gestorben", erhielt er zur Antwort. „Nach altem Brauch haben wir sein bestes Pferd freigelassen. Denn wer es einfangen kann, der wird unser neuer König werden. Aber dieses Pferd ist viel zu klug und viel zu schnell, als sich einfach so fangen zu lassen oder sich einem Befehl zu fügen. Viele haben es bisher versucht, aber allen ist die Puste ausgegangen. Keiner konnte das Pferd einfangen."

„Darf auch ein Fremder versuchen, das Pferd zu erjagen?" fragte der junge Mann. „Denn ich will es gerne versuchen."

„Es steht dir frei, dich zum Narren zu machen. Dem Pferd wird es egal sein. Wer es fangen kann, ist König. So lauten die Regeln."

Der junge Mann hatte die letzten Worte kaum noch vernommen, denn mit zwei großen Sprüngen wollte er das Pferd am Schweif erwischen. Aber mit einer eleganten Drehung war es ihm längst entwischt und galoppierte durch die Straßen zum Stadttor hinaus. Der junge Mann eilte unverdrossen hinterher. Manchmal schien es ihm, als würde er dem Pferd näherkommen, doch dann war die Distanz auf einmal größer als zuvor. Stunde um Stunde lief er schon, und Enttäuschungen und steigende Erschöpfung waren seine einzigen Begleiter. Er schwor sich, nicht eher aufzugeben, bis er das Pferd eingefangen habe.

Und weiter ging die Jagd. Leichtfüßig schien das Pferd über die Ebene zu schweben, während der Schritt des Verfolgers immer kürzer wurde und sein Atem immer schwerer ging. Das Pferd ließ ihn ab und zu auf wenige Meter herankommen, doch immer wenn er glaubte, daß er es jetzt mit einer letzten Anstrengung zu fassen bekäme, entfloh es ihm mit leichten Schritten.

Der Tag ging schon zur Neige, als sie sich in der ersten Dämmerung einem großen, alten Baume näherten, an dessen Stamm gelehnt ein Weiser saß, der dem Treiben schon seit einiger Zeit zugesehen hatte.

„Du kannst ewig so weitermachen, bis du tot umfällst", rief er dem jungen Mann zu, der mit keuchendem Atem an ihm vorüberhasten wollte. „So wirst du es nie einfangen können. Denn statt ihm bis an dein Lebensende nachzujagen, solltest du ihm besser entgegenlaufen!"

Der junge Mann änderte seine Richtung, und das Wunder geschah: Gleich hatte er den gewünschten Erfolg.

12. Diagnose

Zum Meister kam ein Mann, von dem man wußte, daß er außerordentlich reich war. Der Meister verbrachte eine ganze Stunde mit ihm.

Als der Reiche gegangen war, wurde ein Mann zum Meister vorgelassen, der die ganze Zeit geduldig gewartet hatte. Jeder konnte dem Mann die Armut ansehen, und der Meister verbrachte nur einige Minuten mit ihm.

Sehr verwundert darüber, daß die Unterredung schon beendet sein sollte, platzte der arme Mann mit der Frage heraus, wie es käme, daß der Meister die reichen Leute bevorzuge.

Der Meister lächelte milde: „Ich will dir gerne erklären, warum es nicht so ist, wie es dir zu sein scheint. Bei dir, mein Freund, habe ich nach kurzer Zeit erkannt, daß du wirklich ein armer Mann bist. Bei dem, der vor dir bei mir war, mußte ich über viele Sachen sprechen, bis ich erkennen konnte, daß er noch ärmer ist als du."

13. Einfache Regel

Zum Meister kam ein junger Mann und fragte, ob er ihn als seinen Schüler annehmen wolle.

Der Meister sah ihn lange an und sagte dann: „Ja, ich nehme dich als meinen Schüler an."

„Bist du sicher, daß du mich willst?" fragte der Schüler zweifelnd. „Denn du solltest wissen, daß ich nicht eben ein Vorbild an Tugend und Gehorsam bin."

„Welchen Lastern frönst du denn?" wollte der Meister wissen.

„Ich trinke gerne Wein und Schnaps."

„Das ist nicht schlimm", entgegnete der Meister.

„Und ich spiele Karten und liebe die Würfel."

„Das macht nichts", sagte der Meister.

„Und mir gefallen noch so einige Sachen, die ich gar nicht gerne vor dir ausbreiten möchte", gestand der Schüler.

„Das ist ohne Bedeutung", erwiderte der Meister.

Der junge Mann glaubte seinen Ohren nicht zu trauen. Hatte er denn nicht von den strengen Regeln gehört, von großer Disziplin, von Unterordnung und täglichen Übungen?

„Aber nachdem ich alle deine Geständnisse als unwesentlich abgetan habe, stelle ich eine einzige Bedingung für deine Aufnahme als Schüler: Du mußt dich einverstanden erklären, in meiner Gegenwart niemals etwas von den Dingen zu tun, die du schlecht findest."

„Das kann ich dir zusagen. Diese Regel zu halten, wird mir nicht schwerfallen", sagte der Schüler und ging hochbeglückt fort.

Nach Wochen und Monaten wünschte der Schüler den Meister zu sprechen.

„Meister, ich bin gekommen, um dir zu danken", sagte der Schüler mit tiefer Verneigung.

„Du hast dich sehr verändert, seit wir uns das letzte Mal sahen", bemerkte der Meister. „Nun erzähle mir, wie es dir ergangen ist mit deinen Untugenden und mit deinem Versprechen. Hast du dich an unsere Regel halten können?"

„Am Anfang war es nicht so einfach für mich, wie ich es erwartet hatte. Häufig lockte es mich, zum Spielen oder zum Trinken zu gehen. Aber wohin ich auch gehen wollte, immer sah ich dein Gesicht vor mir und mein Versprechen fiel mir ein. Du hast mich nicht allein gelassen und deshalb konnte ich mein Versprechen halten."

14. Altes Leiden

*E*in Philosoph hatte als Folge eines Unfalls in seiner Kindheit einen lahmen Fuß und litt alle Tage große Schmerzen. Einst war ein anderer Gelehrter bei ihm zu Gast. Beim gemeinsamen Essen erhob der Gelehrte sein Glas und trank seinem Gastgeber zu.

„Mein lieber Freund, ich danke dir für die Einladung, und ich wünsche dir von Herzen vollkommene Gesundheit!"

„Wenn du wirklich mein Freund bist, was ich doch sehr hoffe, dann solltest du mir solches nicht wünschen!" sagte der Philosoph.

„Ja, natürlich bin ich dein Freund und dir vollkommen zugetan", erwiderte verwundert der Gelehrte. „Aber warum sollte ich dir darum nicht beste Gesundheit wünschen?"

„Wir sind Freunde geworden, weil wir die sind, die wir sind. Hätte ich mein Leiden nicht, wer weiß, was aus mir geworden wäre."

15. Ausgeglichen

Zum Meister kam ein reicher Mann in sehr bedrückter Stimmung mit der Frage: "Stimmt das, was in den Heiligen Büchern steht, daß der Mensch aus Staub ist und wieder zu Staub wird?"

"Nun, das braucht dich doch nicht zu bedrücken", antwortete der Meister. "Wärest du aus Gold und es stünde dir bevor, am Ende deiner Tage zu Staub zu werden, so hättest du vielleicht einen Grund zur Klage. Aber wenn du aus Staub bist und wieder Staub werden wirst, worüber beklagst du dich dann?"

16. *Nach innen*

*Z*um Meister kam ein Mann, der trotz seiner beruflichen Karriere, seines Reichtums und gesellschaftlichen Erfolges nicht glücklich war.

„Ich habe alles, was ich mir wünschen kann", sagte der Mann. „Haus, Auto, genug Geld auf dem Konto, Frau und Kinder sind gesund, und doch fühle ich mich nicht wohl. Der Wohlstand ist einerseits natürlich beruhigend, aber andererseits fühle ich mich hilflos, weil ich weiß, daß nicht immer alles so bleiben muß."

„Du erinnerst mich an den Mann, von dem ich einmal hörte", antwortete der Meister. „Dieser Mann versuchte eines Abends, ein Tor nach außen hin aufzustoßen. Doch so sehr er sich auch bemühte, das Tor öffnete sich ihm nicht. Verzweifelt versuchte er es weiter, und da er es nicht öffnen konnte, fühlte er sich eingesperrt und vermeinte, da draußen sei seine Freiheit. Schließlich war es Nacht geworden, und erschöpft sank er nieder und schlief ein.

Als er am Morgen erwachte, stellte er fest, daß sich das Tor nach innen öffnen ließ."

17. Ein Klang

Ein Indianer und ein Weißer gingen durch die Straßen New Yorks. Mit einem Mal blieb der Indianer stehen und hob lauschend den Kopf. „Hörst du den feinen Ton? Das ist der Gesang einer Grille."

„Ich höre gar nichts", sagte der Weiße. „Nur den Krach der Autos und den Lärm der Straße."

„Doch, doch, ich höre es ganz deutlich!" sagte der Indianer. „Komm' mal mit, ich zeige sie dir."

Dem zarten Laut folgend, führte er seinen Bekannten zu einer alten Mauer und zeigte ihm glücklich lächelnd eine kleine Grille, die, in einem Mauerloch sitzend, ihre beiden Flügel aneinander rieb und so den schrillen Laut erzeugte.

„Ja, toll", sagte der Weiße achselzuckend und ging weiter.

Nach einiger Zeit ließ der Indianer mitten im dicksten Gewühl einen Silberdollar fallen. Der Weiße blieb sofort stehen und begann, eifrig nach dem Geldstück zu suchen, dessen hellen Klang er beim Aufschlag auf den Gehweg klar und deutlich vernommen hatte.

„Wirklich erstaunlich, mein Freund", sagte der Indianer, als er seinen Dollar aufhob, „beim Klang des Geldes hast du sofort reagiert, aber für das Lied einer kleinen Grille fehlt dir das Gehör."

18. Wahrheit

*E*in Schüler sagte zum Meister, er habe trotz des intensiven Studiums der heiligen Schriften den Eindruck, immer nur einen Zipfel der Wahrheit zu erhaschen. Und er bat den Meister, ihm zu sagen, wie es ihm gelingen könne, die ganze unverfälschte, einzig wahre Wahrheit zu erkennen.

Der Meister nahm Laub vom Boden auf und hielt die Blätter seinem Schüler hin.

„Was siehst du?" fragte er ihn.

„Blätter von verschiedenen Bäumen", antwortete der Schüler.

„Ähnlich ist es mit der Wahrheit", sagte der Meister. „Die Blätter sind nicht der ganze Baum. Ein Baum ist nicht der ganze Wald. So sind auch die Wahrheiten, die wir denken und nennen können, niemals die ganze Wahrheit. Ebenso wie wir nicht imstande sind, die Blätter eines einzigen Baumes oder gar alle Bäume eines Waldes mit einer Hand zu greifen, so sind wir nicht befähigt, die ganze Wahrheit zu erfassen."

19. Erkenntnis

Zum Meister kam ein reicher Amerikaner, der sagte: „Ich habe nicht viel Zeit, aber ich zahle dir fünfzigtausend Dollar, wenn du mir in zehn Tagen Weisheit beibringst."

Der Meister schien kein bißchen schockiert von der Ansicht des Mannes, der glaubte, daß er Weisheit kaufen könne. Außerdem hatte er längst davon gehört, daß es in gewissen Kreisen der Reichen und Schönen als schick galt, von seinem Guru erzählen zu können.

Lächelnd sagte der Meister: „So teuer wird es nicht, und so lange brauchen wir gar nicht, um ein wenig Erkenntnis zu erlangen. Die Umstände sind günstig, und wenn du bereit bist, kannst du gleich beginnen."

Der Amerikaner, bekannt als Mann von schnellen Entschlüssen, sagte, daß er selbstverständlich sofort anfangen wolle.

„Sehr gut", sagte der Meister. „Ziehe deine Jacke, Schuhe und Strümpfe aus. Dann gehe hinaus in den Regen, erhebe die Arme zum Himmel und atme immer schön gleichmäßig."

Am nächsten Tag fragte der Meister den Amerikaner, wie es ihm bei seiner ersten Übung denn ergangen sei.

„Wie du mich angewiesen hast, ging ich hinaus in den Regen, hob die Arme zum Himmel, atmete immer schön gleichmäßig durch und war in Sekunden völlig durchnäßt. So stand ich zwei Stunden und fühlte mich dabei wie ein totaler Idiot."

„Meinst du nicht auch", fragte der Meister, „daß dies für den Anfang schon eine ganz tiefe Erkenntnis ist?"

20. Verdienst

*E*in reicher Landbesitzer sagte im Gespräch mit dem Meister: „Mein Leben lang habe ich Almosen gegeben, habe die Bedürftigen unterstützt und den Klöstern gespendet. Was meinst du, welche himmlischen Verdienste habe ich mir dadurch erworben?"

„Durch deine Wohltaten hast du dir im Himmel keinerlei Verdienst erworben", antwortete der Meister.

Sichtlich erschrocken fragte der Reiche: „Wie kann das sein? Niemand war jemals mildtätiger als ich!"

„Alles, was du gegeben und getan hast, hast du der himmlischen Verdienste wegen getan", erklärte der Meister. „Eben dadurch hast du dir keinerlei Verdienst erworben."

21. Entscheidungen

Im verhältnismäßig jungen Alter von vierunddreißig Jahren war ein Mann vor kurzem zum Direktor der Bank ernannt worden. Nie hatte er von einer solchen Karriere zu träumen gewagt, schon gar nicht, in seinem Alter bereits Direktor zu sein. Eines Tages hatte er Gelegenheit, mit dem Präsidenten des Aufsichtsrates zu sprechen, der ihn für diese Aufgabe als Direktor empfohlen hatte.

„Es ist eine große Verantwortung, die mir übertragen wurde, und ich werde mich ihr mit ganzer Kraft widmen", sagte der junge Direktor. „Doch ich wäre Ihnen dankbar, wenn Sie mir aus dem reichen Schatz Ihrer Erfahrungen einige Ratschläge erteilen würden."

Der alte Mann schaute den Direktor nachdenklich an und sagte dann nur zwei Worte: „Richtige Entscheidungen!"

Der junge Mann hatte sich schon ein bißchen mehr erhofft, darum sagte er: „Das ist sehr hilfreich, und ich weiß Ihren Rat zu würdigen. Aber könnten Sie mir nicht etwas differenziertere Hinweise geben? Denn ich brauche Ihre Hilfe, um richtige Entscheidungen treffen zu können."

Doch der Präsident schien kein Mann vieler Worte zu sein. Er sagte nur: „Erfahrung."

„Nun, das ist ein Grund, warum ich Sie frage", erwiderte der junge Direktor. „Ich vermute, daß ich noch nicht genügend Erfahrungen habe. Wie kann ich diese erlangen?"

Der alte Mann lächelte und erwiderte knapp: „Falsche Entscheidungen!"

22. Hilfe

Zum Meister kam ein armer Mann, der ihn um Unterstützung bat, da er kein Geld habe, um für das religiöse Fest in vier Wochen die rituellen Opfergaben zu kaufen.

„Mache dir keine Sorgen, guter Mann. In vier Wochen kann viel geschehen. Du wirst deine Opfergaben haben", beschwichtigte ihn der Meister.

„Wenn der Meister sagt, daß ich Opfergaben haben werde, dann werde ich auch Opfergaben haben", beruhigte er sich.

Als er nach zwei Wochen noch immer kein Geld für die Opfergaben beisammen hatte, lief er wieder zum Meister.

„Bitte, Meister, hilf mir! In zwei Wochen ist das Fest, und ich habe noch immer kein Geld, um Opfergaben zu kaufen", jammerte der Mann.

„Ich habe dir doch gesagt, daß du Opfergaben haben wirst! Also beruhige dich. Du wirst deine Opfergaben haben!" sagte der Meister mit Nachdruck.

Der Mann schlich nach Hause und machte sich Vorwürfe wegen seines Kleinmutes. „Wenn der Meister sagt, daß ich Opfergaben haben werde, dann kann ich mich auch darauf verlassen, in zwei Wochen meine Opfergaben zu bekommen", beruhigte er sich.

Wieder war eine Woche vergangen, und noch immer hatte er kein Geld für Opfergaben beisammen. Seine Frau weinte, denn am Festtage keine Opfergaben zu haben, bedeutete ein Jahr Unglück. Der Mann war verzweifelt. Sollte er den Meister noch einmal belästigen? Aber seine Angst vor drohendem Unheil besiegte seine Vorbehalte, und er ging noch einmal zum Meister.

„Guter Meister, habe Mitleid mit mir armem Mann. Ich habe keine Opfergaben für das Fest. Was soll ich denn nur tun, wenn du mir nicht hilfst."

„Ich habe dir doch schon mehrmals gesagt, daß du Vertrauen haben sollst. Und jetzt gehe nach Hause und sei sicher, daß du am Festtage deine Opfergaben haben wirst", sagte etwas ungehalten der Meister.

Zwei Tage vor dem Fest war der Mann mit seiner Hoffnung am Ende. Es war nichts passiert. Er hatte für die Opfergaben kein Geld. Ihm und seiner Familie drohte Unheil. Er besprach sich mit seiner Frau, und sie beschlossen, einen silbernen Armreif beim Pfandleiher zu versetzen.

Am Festtage begegnete ihm der Meister und fragte: „Nun, hast du deine Opfergaben?"

Da erzählte ihm der Mann, wie es ihm ergangen war. Und der Meister sagte: „Siehst du, ich habe es dir doch gesagt – du wirst deine Opfergaben haben."

23. Falsche Frage

"Ihr geht von falschen Voraussetzungen aus", ermahnte der Meister seine Schüler und erzählte:

"Ein Bettler war Zeit seines Lebens von Haus zu Haus gegangen, um ein Stück Brot zu erbetteln. Kaum einer hat ihm ein Almosen gegeben. Fast immer wurde er an Gott verwiesen, der sich seiner sicherlich erbarmen werde.

So hoffte der Bettler siebzig Jahre lang auf die Schätze des Himmels, und als er starb, war er arm wie zu Beginn seines Lebens. An der Himmelspforte angelangt, wurde er jedoch nicht herzlich willkommen geheißen oder auch nur gefragt: ‚Was willst du?'; statt dessen lautete die Frage: ‚Was bringst du?'"

24. Eintritt

Der Meister lachte über den Ausruf eines Mannes, der eine Spielhölle besuchen wollte. Der Mann war sehr erstaunt darüber, daß ein ziemlich hohes Eintrittsgeld von ihm verlangt wurde.

„Wenn man schon in das Haus des Teufels nicht umsonst eingelassen wird", rief er, „wie soll man da wohl ohne Bezahlung in das Haus Gottes kommen?"

25. Hindernis

Der Meister hatte einen Schüler, der schon seit Jahren die heiligen Schriften studierte und auch die Meditationsübungen gewissenhaft einhielt. Mit den Jahren war dem Schüler ein prächtiger Bart gewachsen, den er auch mehrmals am Tage kämmte und pflegte.

Eines Tages beklagte er sich beim Meister, daß ihm trotz jahrelanger frommer Übungen die Erleuchtung noch immer nicht zuteil geworden wäre.

„Du wirst die Erleuchtung nicht erlangen können, weil du immerfort mit deinem Bart beschäftigt bist", sagte ihm der Meister.

Weinend riß sich der Schüler jedes Haar einzeln aus. Mit noch größerem Eifer widmete er sich fortan seinen Übungen. Einige Wochen später sagte der Meister zu ihm: „Dein Bart ist fort, aber du beschäftigst dich noch immer mit ihm."

26. Ohne Angst

Ein weltberühmter Zirkus war in die Stadt gekommen. Zur Premiere war das große Zelt bis auf den letzten Platz besetzt. Die Artisten zeigten phantastische Kunststücke, und die Darbietungen ihrer unglaublichen Körperbeherrschung nahmen den Zuschauern schier den Atem, bis die Clowns ihnen mit ihren Späßen wieder ein befreiendes Lachen ermöglichten.

Nach der Pause wurde der Höhepunkt des Abends angekündigt. Die Arena war mit einem meterhohen Gitter eingezäunt, und mit leichtem Nervenkitzel erwarteten die Zuschauer die Vorführungen mit den acht bengalischen Königstigern. Eine Großkatze nach der anderen kam durch das Laufgitter in die Arena gelaufen, und nach einigem Hin und Her hatte der berühmte Dompteur seine Lieblinge auf die ihnen zugewiesenen Plätze beordert.

Die Darbietung nahm ihren gewohnten Verlauf: Die Tiger sprangen durch Reifen und liefen elegant über einen hohen, schmalen Steg. Sie sprangen einander sogar über den Rücken, statt sich gegenseitig anzufallen.

Langsam näherte sich der Dressurakt der eigentlichen Sensation: Die Tiger waren auf ihren Plätzen. Nur der größte Tiger saß auf einem Podest mitten in der Arena. Es wurde angekündigt, daß der Dompteur in wenigen Sekunden seinen Kopf in den Rachen des Tigers stecken werde. Die Orchestertrommeln wirbelten leise. Die Zuschauer hielten den Atem an. Der Dompteur hatte sich dem Tiger bis auf wenige Zentimeter genähert. Da ging das Licht aus.

Ein angstvoll verhaltener Schrei des Entsetzens entrang

sich den Zuschauern und verhallte in der Dunkelheit. Atemlos war die Stille danach, und wie gelähmt verharrte das Publikum. Die Angst vor der drohenden Katastrophe war im ganzen Zelt spürbar.

Fünfundzwanzig Sekunden der Angst dehnten sich zu einer kleinen Ewigkeit. Endlich war das Notstromaggregat angesprungen, und die Scheinwerfer flammten wieder auf. Ein kollektiver Seufzer der Erleichterung ging durch die Zuschauerreihen, als sie die Tiere und ihren Dompteur unverändert an ihren Plätzen sahen, und ihre ausgestandene Angst entlud sich in frenetischem Beifall.

Was viele Zuschauer nachher für einen geplanten Nervenkitzel hielten, war in Wahrheit ein durch ein Unglück verursachter Stromausfall im ganzen Stadtteil gewesen.

Am Ende der Premierenvorstellung drängten sich die Presseleute um den Tigerdompteur und verlangten ein Interview. Was er gefühlt habe, wollten sie wissen. Ob er Angst gehabt habe und ob er schon einmal eine so gefährliche Situation erlebt habe.

„Wissen Sie, ich bin durchaus nicht frei von Angst gewesen", erklärte der Dompteur. „Aber mit der Angst ist es wie mit den Tigern: Sie lauert im Dunkeln. Die Tiger beobachteten mich in der Dunkelheit, ich konnte sie nicht sehen. Mein Vorteil war jedoch, daß sie nicht wußten, daß ich sie nicht sehen konnte. Sie warteten darauf, daß ich einen Fehler machte. Doch die Angst schützte mich vor Fehlern. Also bewegte ich weiterhin die Peitsche und sprach beruhigend auf die Tiger ein. Und das machte ich die ganze Zeit, bis das Licht wieder anging. Und während der ganzen Zeit wußten die Tiger nicht, daß ich sie nicht sehen konnte. Das war jedenfalls meine Methode, mit den Tigern fertig zu werden, die in der Dunkelheit auf mich lauerten."

27. Vergossen

Kurz vor seinem Examen hatte Yün Meng den Studenten Lin Yu geheiratet, denn als Frau eines jungen Akademikers, der eine glänzende Karriere vor sich hatte, erträumte sie sich eine sorgenfreie Zukunft. Lin Yu bestand sein Examen mit Auszeichnung, doch niemand wollte dem jungen Mann eine Anstellung geben, da er über keinerlei Beziehungen verfügte. Das wenige Geld, das ihnen verblieben war, reichte einige Zeit für das Lebensnotwendige, aber bald konnten sie sich nicht einmal mehr den täglichen Reis leisten. Unverdrossen suchte Lin Yu nach einer Anstellung, aber niemand wollte ihn haben. Mit dem geringen Verdienst für gelegentliche Schreibarbeiten fristeten er und seine Frau ihr karges Leben.

Lin Yu liebte seine Frau sehr, und es schmerzte ihn, mitansehen zu müssen, wie sie unter den dürftigen Lebensumständen litt. Seine Liebe war für ihn ein großer Ansporn, seine Hoffnungen auf eine glücklichere Zukunft nicht aufzugeben. Doch Yün Meng war des Wartens müde. Sie war enttäuscht und fühlte sich vom Schicksal betrogen. Ihr war klar, daß die schönsten Jahre ihres Lebens vorübergingen, ohne daß sie Gelegenheit gehabt hatte, es in vollen Zügen zu genießen. Und so wie in den letzten zwei Jahren wollte sie auf keinen Fall für immer weiterleben.

Eines Tages faßte sie den Entschluß, ihren Mann um ihre Freiheit zu bitten, damit sie sich einem Mann anschließen könne, der ihr ein besseres Leben zu bieten hätte. Mit schmerzendem Herzen sah Lin Yu seine Frau nur stumm an. Sie zählte ihm alle Vorteile einer Trennung auf: Er sei auch wieder frei und brauche nicht mehr für sie zu sorgen, und er käme mit seinem geringen Verdienst alleine viel besser zurecht.

Lin Yu konnte sich nicht entschließen, sich von Yün Meng zu trennen. Doch sie ließ nicht locker. Ihre Argumente wurden nachdrücklicher, und als sie ihm erklärte, daß sie ihre Ehe mit einem Versager wie ein Gefängnis empfinde, gab er sie frei. Sie trennten sich, und Yün Meng zog wieder zu ihrer Mutter.

Lin Yu aber suchte weiter nach einer Arbeit. Eines Tages konnte er eine geringe Stelle in einem Büro übernehmen, für das er schon öfter kleine Aufträge erledigt hatte. Dort erkannte man rasch seine außergewöhnlichen Fähigkeiten, und binnen weniger Jahre war er in eine leitende Position aufgestiegen. Nun endlich konnte er ein standesgemäßes Leben führen, das seiner Persönlichkeit und seinen Interessen angemessen war. Er war glücklich, dies aus eigener Kraft geschafft und trotz der Krisen den Glauben an sich nicht verloren zu haben. Als sich sein behaglicher Wohlstand um eine nicht eben geringe Erbschaft vermehrte, durfte er sich als wohlhabender Mann ansehen, den zumindest keine finanziellen Sorgen mehr drücken würden.

Yün Meng aber war es nicht besonders gut ergangen. Ihre Mutter war gestorben. Keiner von den Männern, um die sie sich bemüht hatte, wollte sie heiraten. Sie lebte allein wie eine Witwe in ihrem Elternhaus. In ihrer Erinnerung begann sich die Zeit mit ihrem sanftmütigen früheren Ehemann zu verklären, und sie fing an, sich nach seiner Liebe zu sehnen. Daß Lin Yu zu Reichtum und Ansehen gekommen war, machte ihr Verlangen nur noch größer.

Eines Tages überwand sie ihren Stolz und suchte Lin Yu im Garten seinen Hauses auf. Sie bat ihn, sie als seine Ehefrau wieder anzunehmen. Wie damals, vor einigen Jahren, sah Lin Yu sie lange an und schwieg.

„Ich bin noch immer arm und allein", sagte Yün Meng. „Ich habe mich nicht wieder verheiratet. Ich sehne mich so nach dir. Und weil du mich doch einmal geliebt hast, bitte ich dich, laß mich wieder zu dir kommen."

„Nimm diesen Krug mit Wasser", sagte er endlich. „Und gieß ihn hier auf den Boden aus."

Yün Meng tat wie er verlangte. Sie goß das Wasser aus, das schnell versickerte, und fragte sich, was er wohl damit bezwecke.

„Nun fülle das Wasser, das du ausgegossen hast, wieder in den Krug!" forderte Lin Yu sie auf.

„Wie soll das gehen, daß ich das Wasser wieder einfüllen soll, welches ich vergossen habe?" verwunderte sich Yün Meng.

„Du sagst es", nickte Lin Yu.

28. Der Tierbändiger

Ein Wanderer verirrte sich in einer einsamen Gegend und kam gegen Abend zu einer kleinen Einsiedelei, in der ein alter Eremit lebte. Nachdem der Wanderer sich etwas erholt hatte und sie ins Gespräch gekommen waren, fragte er den Einsiedler, wie er es denn hier in der Einsamkeit aushalten könne.

„Oh, ich finde es hier durchaus nicht einsam", sagte der Eremit. „Ich habe den ganzen Tag von früh bis spät zu tun."

„Womit bist du denn so sehr beschäftigt?" wollte der Wanderer wissen.

„Nun, ich muß zwei Falken zähmen, zwei Sperber abrichten, zwei Hasen beaufsichtigen, eine Schlange bewachen, einen Esel beladen und einen Löwen bändigen", erklärte der Einsiedler.

„Daß wundert mich nicht, daß du mit einem solchen Zoo viel zu tun hast", sagte der Fremde. „Aber wo sind denn all die Tiere? Ich habe keine gesehen. Und wenn ich von einer Schlange und gar einem Löwen gewußt hätte, hätte ich sicher einen großen Bogen um deine Einsiedelei gemacht."

„Nun, ich denke, auch wenn du von meinen Tieren gewußt hättest, wären Befürchtungen nicht nötig gewesen", entgegnete der Eremit, „denn die Tiere, die ich zähmen will, die sind einem jeden Menschen zu eigen."

„Da wundere ich mich aber sehr, denn mir war bisher nicht bewußt, daß ich Falken und Sperber und noch viel gefährlichere Tiere besitzen soll", rief erstaunt der Wanderer.

„Und doch ist es so", erklärte der Einsiedler. „Denn die zwei Falken sind unsere Augen, die sich nicht satt sehen können, die neugierig überall umherhuschen, alles erspähen wollen, selten zur Ruhe kommen, sich jedoch manchmal regelrecht in einen Anblick festkrallen und ihn nicht mehr loslassen wollen. Es ist schwer, diese Falken zu zähmen. Und noch schwerer ist es, das, was sie erspähen, richtig zu verstehen. Du siehst, es ist keine leichte Aufgabe, diese Falken zu lenken.

Die zwei Sperber, diese Greifvögel, sind unsere Hände, die alles anfassen, ergreifen und manchmal nicht mehr loslassen wollen. Wenn man ihnen etwas wegnehmen will, dann können sie wütend werden und wollen zuschlagen. Doch wenn wir es schaffen, die zwei Sperber abzurichten, dann können sie lernen zu streicheln, zu besänftigen, zu helfen und loszulassen.

Zwei Hasen sind zu beaufsichtigen, denn unsere Füße sind wie zwei Hasen, die hierhin und dorthin laufen, die manchmal fortrennen wollen, weil eine Kleinigkeit sie erschreckt, die nicht standhalten wollen und jede Schwierigkeit lieber umgehen wollen. Wenn wir sie jedoch trainieren, können sie lernen, auch Probleme durchzustehen und Hindernisse zu meistern. Dann erst sind wir in der Lage, zur Ruhe zu kommen, und eilen nicht hakenschlagend wie aufgescheuchte Hasen durchs Leben.

Die Schlange ist am schwersten zu bändigen. Obwohl sie von einem Gitter aus zweiunddreißig Zähnen bewacht wird, kann unsere Zunge, die uns das Sprechen ermöglicht, Gift verspritzen wie eine Schlange. Erst wenn wir erfahren haben, was das Gift der Worte anrichten kann, können wir lernen, unsere Schlange zu beherrschen, und sie lehren, die Worte der Wahrheit und des Friedens, der Freude und der Liebe zu sprechen. Aber meistens reicht es schon, wenn man es schafft, die Schlange hinter ihren Gittern ruhig zu halten.

Der Esel, der beladen wird, ist unser Körper. Täglich laden wir ihm die Last des Alltags auf. Und wie oft denken wir: Das trägt der Esel auch noch. Doch dann wird er störrisch, er schlägt aus oder will sich nicht mehr bewegen. Er wirft die Last ab, und wir müssen von neuem lernen, ihm nur tragbare Lasten aufzubürden.

Der Löwe, den wir bändigen müssen, ist unser Herz. Kraftvoll und mächtig schlägt es in unserer Brust. Hier regieren löwengleich die starken Gefühle, die Liebe und der Mut, ebenso wie Wut, Haß, Neid und Rache. Wir müssen lernen, diesen Löwen zu bändigen, wenn wir nicht von ihm nach seinem Gutdünken regiert werden wollen.

Du siehst, daß es mir in meiner Einsiedelei nicht langweilig wird und ich die Einsamkeit brauche, um meine Tiere besser bezähmen zu lernen."

II. Die Sonnenuhr zählt die heiteren Stunden nur

29. Gottesurteil

Der Pfarrer hielt eine mitreißende Predigt über das Thema, daß bei Gott niemand verloren gehe und der Herr auch die Dummen beschütze, wie es im Psalm 116, Vers 6 heißt: „Der Herr behütet die schlichten Herzen; ich war in Not, und er brachte mir Hilfe."

Einem Bäuerchen gingen die Worte sehr zu Herzen. Nach der Messe grübelte er lange über die Predigt nach und faßte einen folgenschweren Entschluß: Ich will es jetzt wissen, ob ich wirklich so dumm bin, wie die Leute im Dorf von mir behaupten. Wenn mir Gott hilft, wie der Pfarrer gesagt hat, dann bin ich wohl tatsächlich dumm.

Auf seinem kleinen Bauernhof angekommen, ging er in die Scheune, stieg auf den Heuboden, öffnete die Ladetüre und sprang – Gott befohlen – in die Tiefe.

Selbstverständlich brach er sich beide Beine und einen Arm, und er schrie aus Leibeskräften.

Die Nachbarn eilten herbei und wunderten sich nicht schlecht als sie hörten: „Gott sei Dank – ich bin gescheit!"

30. Vorteile

𝒟urch ungünstige Umstände dauerte der Bau des neuen Hauses länger als erwartet, und so war dem Bauherrn das Geld ausgegangen. In dem halbfertigen Haus konnten er und seine Familie nicht wohnen. Darum beschloß er, seinen besten Freund, der sehr begütert war, um ein Darlehen zu bitten.

Der Freund bewilligte ihm die recht große Summe ohne Zögern. Als Rückzahlungsmodalität verlangte er von seinem Schuldner, daß er das Geld in monatlichen Raten zehn Jahre lang zurückzahlen solle.

Nachdenklich zog der Bauherr die Stirne in Falten: „Dein großzügiges Angebot kann ich leider nur unter folgender Bedingung annehmen: Lebe ich noch zehn Jahre, so hast du Glück und ich Pech, und ich zahle dir das Darlehen pünktlich zurück. Sterbe ich aber vor Ablauf der zehn Jahre, so habe ich Glück und du Pech, denn dann mußt du auf die Restschuld verzichten."

31. Lob

Ein Schüler berichtete dem Meister, daß sein Ruhm sich weit verbreitet habe und daß viele Menschen ihn sehr lobten. Der Schüler war der Meinung, dem Meister mit dieser Nachricht eine Freude bereiten zu können.

Doch der Meister zog nur die Stirne kraus und rief: „Was habe ich denn Dummes getan, daß mich viele Menschen dafür loben?"

32. Unwahrheit

Zwei Frauen hatten sich zu einem Plauderstündchen im Café verabredet. Sie ließen sich den Kaffee und den Kuchen schmecken. Auch ein voller Mund konnte die eine der Frauen nicht daran hindern, schon seit einer Stunde ununterbrochen zu reden, als sie plötzlich sagte: „Und jetzt muß ich dir unbedingt erzählen, was ich mir kürzlich aus dem Munde von Ingrid Meier anhören mußte ..."

„Das ist gelogen!" sagte die andere Frau zu ihrer Bekannten, die ob des Vorwurfs irritiert ihren Redefluß unterbrach.

„Wie kannst du behaupten, das sei die Unwahrheit", schnappte sie pikiert, „bevor du überhaupt gehört hast, was ich erzählen will?"

„Ich kann mir nicht denken", bekam sie zur Antwort, „wie du etwas gehört haben willst, wo du doch niemanden reden läßt!"

33. Blumensprache

Diesen Titel gab der lebenskluge und kulturkritische Feuilletonist Victor Auburtin seiner kleinen Erzählung, die er im Jahre 1928 geschrieben hatte:

Welch schönen Balkon Frau Piontek sich angelegt hat!

Offengestanden: Ich hatte ihr soviel Natursinn und Liebe für die Blumen eigentlich gar nicht zugetraut.

Vorn eine ganze Front von Geranien mit Kornblumen abwechselnd; als Dach oder Laube hochgezogen und gewölbt die seltenen Gloxinien; um die Kapuzinerkresse in der Ecke sind die Bienen und Hummeln beschäftigt; weiße Tausendschön an der richtigen Stelle; und die wilden, mädchenhaften Petunien, bei denen man immer an Italien denken muß.

Auch ein rotlackiertes Gießkännchen ist da mit einem Landschaftsbild drauf, das wildbewegte Meer darstellend, nebst einem Schiff und einem Leuchtturm in der Ferne.

Wie gesagt, ich hatte ihr das alles gar nicht zugetraut. Sie zankt immer ihren Mann vor allen Leuten aus und hat eine sehr laute Stimme.

Aber man sollte die Menschen vielleicht nicht nach kleinen Äußerlichkeiten beurteilen. Wer einen solchen Blumenbalkon hat, der muß irgendwo im Herzen ein stilles Paradiesgärtchen mit herumtragen.

„Frau Piontek", sagte ich, „weiß Gott, Sie haben den schönsten Balkon, den ich je in meinem Leben gesehen habe."

„Nicht wahr?" schrie sie mit funkelnden Augen. „Die ganze Straße platzt vor Neid."

34. Weitsichtig

Ein Herr plagte sich mit starken Kopfschmerzen. Er schickte seinen Diener zum Apotheker, damit er ihm eine Arznei hole.

Der besorgte Diener war nun wohl der Meinung, daß es mit seinem Herrn sehr schlecht bestellt sei, da er noch niemals krank gewesen war. Darum bat er auch gleich den Arzt um seinen Besuch, und auf dem Heimweg besprach er sich noch schnell mit dem Bestattungsunternehmer.

Zu Hause fuhr ihn ärgerlich sein Herr an: „Wo bleibst du so lange mit der Medizin? Warum kommst du so spät?"

Beschwichtigend antwortete der Diener: „Herr, ich habe alles in die Wege geleitet."

35. Konsequent

Am späten Abend gehen zwei Eheleute müde nach des Tages Arbeit ins Schlafzimmer, entkleiden sich, ziehen die Schlafwäsche an und legen sich ins Bett.

Beide haben jedoch vergessen, das Licht auszuschalten, und wälzen sich nun in ihren Betten, da sie im Hellen nicht einschlafen können. Nach zwei Stunden sagt die Frau zu ihrem Mann: „Ich glaube, mein Lieber, es wäre doch gut, das Licht auszuschalten. Aber ich bin zu müde, um aufzustehen."

„Das habe ich mir schon lange gedacht", erwiderte der Ehemann. „Aber ich war zu müde, es zu sagen."

36. Verlust

Eine Touristin sitzt im Reisebus, der gerade von Neapel abgefahren ist, und kramt in ihrer Handtasche. Mit einem Male bricht ihr der kalte Schweiß aus, das Herz scheint ihr stehenzubleiben – ihr Geldbeutel ist weg. Nervös springt sie auf, sucht auf dem Boden herum.

„Was ist los?" fragt die Nachbarin.

„Mein Geldbeutel ist verschwunden. Ich kann ihn nirgends finden", stammelt die Touristin. „In Neapel habe ich ihn noch gehabt. Ich habe doch im Restaurant bezahlt."

„Vielleicht haben Sie ihn dort liegen gelassen", überlegt die Nachbarin. „Oder er wurde Ihnen im Gewühl von einem Taschendieb gestohlen."

„Was soll ich denn nur machen. Mein ganzes Geld, meine Kreditkarten, alles verschwunden. Wie soll ich denn nur nach Hause kommen? Er muß doch irgendwo sein", jammert die Frau.

Und sie sucht weiter, kramt ihre Handtasche durch und findet ihn nicht. Sie sucht auf dem Boden. Die anderen Reisegäste sind längst aufmerksam geworden und suchen mit. Helle Aufregung ergreift die Gesellschaft. Alle überprüfen, ob sie ihre Sachen beieinander haben. Einige kriechen auf dem Boden, schauen unter die Sitze.

„Mein Personalausweis ist auch darin gewesen. Alle meine Ausweise. Was soll denn nur werden, wenn alle meine Papiere weg sind?" ruft die Frau in höchster Erregung.

Dem Reiseleiter ist die Unruhe im hinteren Teil des Reisebusses nicht entgangen. Er drängt sich durch die nervöse Gruppe und versucht zu beschwichtigen.

„Nun mal mit aller Ruhe", sagt er mit erhobenen Händen. „Also, sind Sie sicher, daß Sie Ihren Geldbeutel in Neapel noch bei sich hatten?"

„Ja, ganz sicher", antwortet die Touristin.

„Und Sie haben erst hier im Bus festgestellt, daß Ihr Geldbeutel verschwunden ist?"

„Ja, ich habe erst vor ein paar Minuten bemerkt, daß er nicht in meiner Handtasche ist."

„Dann könnte Ihr Geldbeutel also theoretisch in Neapel verschwunden sein", überlegt der Reiseleiter. „Bevor ich aber veranlasse, nach Neapel zurückzukehren, muß ich sicher sein, daß Sie alles abgesucht haben. Vielleicht haben Sie Ihren Geldbeutel aus einem Impuls heraus besonders sicher verstecken wollen. Und vielleicht steckt er noch in einem Winkel. Haben Sie auch sämtliche Taschen Ihres Anoraks geprüft? Suchen Sie noch einmal gründlich in Ihrem Anorak nach, vielleicht ist der Geldbeutel doch in einer der vielen Taschen."

„Was sagen Sie da?" ereifert sich die Frau. „Im Anorak? Aber wenn er im Anorak auch nicht ist, bin ich doch ganz verloren!"

37. Das Beste

Ein reicher Mann lud zur Hochzeit seiner einzigen Tochter die vornehmsten Herrschaften der Stadt ein. Die ganze Gesellschaft war froh gestimmt und setzte sich in Erwartung eines köstlichen Hochzeitsmahles an der festlich geschmückten Tafel nieder.

Livrierte Diener trugen Schüsseln aus edlem Porzellan herein und stellten sie zwischen die silbernen Kerzenleuchter. Groß war das Erstaunen der Gäste, als sie feststellten, daß die Schüsseln lediglich Wasser enthielten, nichts als Wasser. Betreten schwiegen sie, denn sie wußten nicht, wie sie das verstehen sollten. Schließlich erhob sich einer der Gäste und fragte: „Mein Lieber, was hat das zu bedeuten? Du, der Reichste unter uns, lädst die vornehmsten Herrschaften der ganzen Stadt zur Hochzeitsfeier deiner einzigen Tochter ein und setzt zu diesem festlichen Anlaß deinen Gästen lediglich Wasser vor?"

„Ich will euch erklären, wie es dazu kam", sagte der Gastgeber. „Natürlich wollte ich meinen Gästen heute nur das Beste bieten. Darum bin ich selber zum Einkaufen gegangen. Ich ging zum Fischhändler und fragte: ‚Haben Sie fangfrischen Fisch? Ich will nur den besten Fisch, den Sie haben!'

‚Ich verkaufe nur frischen Fisch', sagte der Händler. ‚Meine Fische sind die besten weit und breit. Sie sind so süß wie Zucker.'

Wenn sie süß sind wie Zucker, dachte ich, dann ist Zucker noch besser als Fisch. Also beschloß ich, dann doch lieber Zucker einzukaufen und ging zum Gewürzhändler.

‚Haben Sie guten Zucker?' fragte ich den Händler, und der

sagte mir: ‚Was heißt hier guter Zucker? In der ganzen Welt werden Sie keinen besseren Zucker finden als bei mir. Mein Zucker ist gut wie Honig!'

Da mir nun dieser Fachmann sagte, ‚gut wie Honig', da war es für mich doch eine Ehrensache, viel lieber Honig für dieses Festmahl zu kaufen. Denn wozu sollte ich Zucker kaufen, der ‚gut wie Honig' ist, wenn ich es mir doch leisten kann, dann lieber gleich den Honig zu kaufen. Also lief ich weiter und kam endlich in ein Geschäft, das Honig anbot.

‚Ich brauche guten Honig', sagte ich zu der Geschäftsfrau, ‚sehr guten Honig, denn für die Hochzeit meiner Tochter ist mir nichts zu schade.'

‚Da sind Sie hier genau richtig', erwiderte sie, ‚denn bei mir gibt es den besten Honig, den Sie sich wünschen können. Alle Finger werden sich Ihre Gäste lecken, denn mein Honig ist so rein und golden wie das beste Öl!'

Langsam begann ich zu verzweifeln. Jeder Händler pries mir seine Ware im Vergleich mit noch etwas Besserem an. Und ihr werdet einsehen, daß ich nichts kaufen möchte, das nur ‚so ähnlich wie' ist – dann kaufe ich doch gleich das Bessere. Also machte ich mich wieder auf den Weg, um gutes Öl zu kaufen.

Ich verlangte das beste Öl und bekam zur Antwort: ‚Ach, Sie kaufen sicher Öl für die Hochzeit Ihrer Tochter. Da will ich Ihnen gleich die beste Qualität abfüllen, ein Öl, sage ich Ihnen, so rein und klar wie Wasser.'

Versteht ihr nun? Wenn Zucker besser ist als Fische und Honig besser ist als Zucker, Öl besser ist als Honig und Wasser besser ist als Öl, so ist also das Wasser besser als alles andere. Deshalb habe ich heute Wasser auftragen lassen, denn ich will, daß meine Gästen in meinem Haus nur das Beste erhalten!"

38. Aussicht

*E*in Mann hatte beschlossen, für sich und seine Familie ein schönes, großes Haus zu bauen. Als die Baugrube ausgehoben worden war und das Fundament gelegt wurde, stand er dabei und beobachtete den Baufortschritt. Ein Bekannter kam vorüber und grüßte: „Guten Morgen! Ist es soweit – du baust? Ich wünsch' dir viel Glück!"

„Hat sich was, mit dem Glück", sagte der Bauherr. „Du siehst es ja selbst, ich nehme mein Geld und lege es in die Erde!"

„Nur keine Sorge, lieber Freund, du schaffst das schon. So Gott will, wirst du bald wieder zu deinem Gelde kommen."

39. Mitleid

In einer Stadt lebte ein Mann, der ebenso reich wie geizig war. Er war egoistisch und hartherzig, spendete den Bedürftigen nie etwas und gab keinem einen Pfennig Almosen. Im Gegensatz zu ihm hatte seine Frau ein Herz voller Mitleid, und sie tat heimlich Gutes, soviel sie konnte. Doch gegen die Herzlosigkeit ihres Mannes vermochte sie nichts auszurichten.

Eines Tages im Winter erkrankte ihr Mann schwer. Hohes Fieber schüttelte ihn, und er spürte, daß sein Leben an einem dünnen Faden hing. Aufopfernd saß seine Frau Tag und Nacht bei ihm und pflegte ihn. In einem wachen Moment bemerkte der Kranke, daß Tränen der Sorge über ihre Wangen liefen, und sie erweichten sein hartes Herz.

Er gelobte Besserung. Wenn Gott ihn gesunden ließe, wolle er ein besserer Mensch werden. Nun, da er die Not am eigenen Leibe erfahre, wolle er nicht mehr so gefühllos gegen Bedürftige sein, und er versprach, in Zukunft Mitleid mit allen Menschen zu haben.

Der Geizige wurde gesund, und seine Frau hoffte auf eine Gelegenheit, daß er sein Gelöbnis würde einlösen können.

Eines Nachts peitschte draußen ein schrecklicher Sturm. Der Wind heulte und trieb den Schnee in gewaltigen Böen übers Land. Warm und geschützt lag das Ehepaar in seinem Bett, als es kräftig an die Türe klopfte.

„Laßt mich herein! Gebt mir Obdach! Ich erfriere!" rief es von draußen.

Als der Mann die Worte vernommen hatte, fing er an zu seufzen: „O Gott, es ist zum Erbarmen!"

„Habt Mitleid mit einem Obdachlosen!" rief die Stimme, und wieder pochte es heftig an die Tür.

Schwer seufzte der Mann auf, ja er schluchzte beinahe. „Ach, es ist ein Jammer, so ein Elend!" rief er und wälzte sich auf die andere Seite. Und je heftiger es an die Türe klopfte, desto größeres Wehklagen erhob der Mann und desto mehr ging ihm das Elend draußen vor der Tür zu Herzen.

Seine Frau hatte lange genug auf eine wohltätige Reaktion ihres Mannes gewartet. „Was soll dein Jammern? Wenn du schon Mitleid mit dem Obdachlosen hast, dann bitte ihn herein und laß ihn nicht da draußen erfrieren!" herrschte sie ihn an.

„Du verstehst gar nichts!" brüllte er zurück. „Ich habe geschworen, Mitleid zu haben. Aber wenn ich ihn hereinlasse, dann geht es ihm so gut wie mir. Und wie soll ich dann Mitleid haben?"

40. Familie

Ein Mann fühlte sich von einem anderen Manne schlecht behandelt. Er protestierte dagegen, und es kam zu einem heftigen Wortwechsel. Hin und her flogen die Beschuldigungen und Vorwürfe.

„Jetzt zeigst du endlich dein wahres Gesicht, du elender Schinder!" rief der eine. „Du wirst schon noch sehen, was du davon hast. Ich werde meinem Schwager von deinem Verhalten berichten!"

„So, so; und wer ist dein werter Schwager, wenn ich fragen darf?" entgegnete herablassend der Kontrahent.

„Mein Schwager ist Gott!" bekam er zur Antwort.

„Wie kann Gott dein Schwager sein?" fragte jener nun schon etwas vorsichtiger.

„Das will ich dir gerne sagen, wenn du endlich etwas entgegenkommender wärest und wir uns einigen könnten", bekam er zur Antwort.

Nun, mit Gott wollte sich der Widersacher nicht anlegen, und nach einigem Hin und Her einigte man sich endlich gütlich.

„Jetzt verlange ich aber auch zu wissen, wie Gott dein Schwager sein kann."

„Das will ich dir gerne erklären. Also, mein Schwiegervater hatte zwei Töchter. Die eine habe ich genommen, die andere hat Gott genommen."

41. Zeit genug

Ein Mann kaufte am Bahnhofsschalter eine Fahrkarte für den Bummelzug. Er stieg dann aber in den Schnellzug ein.

Nach einiger Fahrtzeit näherte sich der Schaffner, um die Fahrkarten zu kontrollieren.

„Dieser Fahrschein berechtigt Sie nur zur Fahrt mit dem Bummelzug, für den Schnellzug müssen Sie nachzahlen."

„Von mir aus kann der Zug gerne langsamer fahren", erwiderte der Fahrgast. „Ich habe Zeit genug."

42. So einfach

Ein Mann wollte sich taufen lassen und ging zum katholischen Geistlichen. Der Pfarrer machte ihn mit den katholischen Hauptlehren vertraut. Er unterwies ihn auch in den Kirchengeboten und wie er sich an den Fasttagen zu verhalten habe. Der Mann versprach, sein Leben danach zu richten, und wurde getauft.

Nun geschah es, daß der Pfarrer ausgerechnet am Karfreitag seinen Täufling sprechen mußte und ihn zur Mittagszeit antraf, als er gerade ein knuspriges Hähnchen verzehrte.

Der Pfarrer traute seinen Augen nicht. Verärgert rief er: „Unterstehe dich, am heiligen Karfreitag ein Hähnchen zu essen, wo du doch erst vor ein paar Wochen versprochen hast, die Fastengebote einzuhalten!"

„Das ist kein Hähnchen, Hochwürden", erwiderte der Täufling ganz gelassen, „das ist Fisch!"

„Jetzt werde nicht auch noch unverschämt! Ich habe doch noch Augen im Kopf und kann einen Hahn sehr wohl von einem Fisch unterscheiden. Also füge deinem Vergehen nicht auch noch die Sünde der Lüge hinzu!" empörte sich der Geistliche.

„Ich lüge nicht", verteidigte sich der Täufling. „Sie haben mich doch durch einige Tropfen Wasser vom Ungläubigen zum Katholiken gemacht. Und genau so habe ich es auch mit mit dem Hahn gemacht: Wie du mich vom Ungläubigen zum Katholiken gemacht hast, so habe ich aus dem Hahn einen Fisch gemacht."

43. Günstig

Ein reicher Händler wurde in seinem vierundachtzigsten Lebensjahr schwer krank. Zu seinem Arzt, der ihn gerade untersuchte, sagte er, daß es mit ihm wohl nun zu Ende gehe.

„Nun, so schlecht steht es nicht um Sie", sagte der Arzt zum Schluß seiner Untersuchung. „Ich meine, daß Sie noch hundert Jahre alt werden können, wenn der Herrgott es will!"

„Ach wo", meinte der Reiche mit abwehrender Geste. „Wenn der liebe Gott mich mit vierundachtzig haben kann, wird er mich doch nicht mit hundert nehmen wollen."

44. Initiative

Der Pfarrer einer armen Gemeinde war in großen Geldnöten. Das Gotteshaus brauchte dringend ein neues Dach, denn schon regnete es an einigen Stellen ins Gotteshaus. Aber große Spenden waren nicht zu erwarten, weil es in seiner Herde keinen reichen Unternehmer gab und die meisten Mitglieder seiner Gemeinde gerade das Nötigste zum Auskommen hatten.

Er suchte wie immer Trost in der Bibel, und wie er bei Matthäus (7,7) die Worte las: „Bittet, dann wird euch gegeben" und sie bei Johannes (11,22) in dem Vers: „Alles, worum du Gott bittest, wird Gott dir geben" bestätigt fand, da faßte er einen Entschluß: „Ich werde den Herrn inständig um einen großen Lotteriegewinn bitten, damit ich das Dach seines Hauses reparieren lassen kann."

Von nun an betete er jeden Morgen und jeden Abend, daß Gott ihm seine Bitte erfüllen möge. Doch nichts geschah. Der Sommer ging vorbei und die Herbststürme setzten dem Kirchendach noch ärger zu. Der Pfarrer war verzweifelt. Noch immer hatte sich der erhoffte Geldsegen nicht eingestellt, und der Pfarrer betete noch inbrünstiger. Ja, er fing an, den Herrn mit seinem Flehen regelrecht zu bedrängen.

Den Kopf in die Hände gestützt kniete er unter dem Kruzifix. „Warum erhörst du meine Bitten denn nicht, Herr? Was soll ich denn noch tun, als aus tiefstem Herzen zu dir zu flehen?"

Und in seiner Versenkung vermeinte der Pfarrer, mit einem Mal ganz deutlich eine Stimme zu vernehmen, die ihn fragte: „Warum kaufst du nicht endlich ein Los?"

45. Genau jetzt

Ein Schnorrer hielt einen gut gekleideten Herrn auf der Straße an und klagte, er habe schon seit zwei Tagen keinen Bissen mehr gegessen. Er machte einen so erbärmlichen Eindruck, daß der Passant ihm ein großes Geldstück gab.

Einige Zeit später betrat der Herr ein vornehmes Café, in dem er eine Verabredung hatte, und sah den Schnorrer behaglich in einer Ecke sitzen und ein großes Stück Kuchen essen. Empört, seine Mildtätigkeit so unverschämt ausgenutzt zu sehen, ging er auf den Schnorrer zu und herrschte ihn an: „Dazu gehen Sie also betteln, damit Sie sich den Bauch mit Kuchen vollschlagen können?"

„Also, das ist wirklich ein starkes Stück, mich zu beschimpfen, weil ich ein Stück Kuchen esse!" empörte sich der Bettler. „Als ich keinen Pfennig in der Tasche hatte, konnte ich keinen Kuchen essen. Jetzt, da das Glück mir geholfen hat, zu ein paar Mark zu kommen, darf ich keinen Kuchen essen. Sagen Sie mir doch, mein Herr, wann soll ich eigentlich ein Stück Kuchen essen?"

46. Einleuchtend

Ein Mann hatte für seinen Sohn per Katalog ein Fahrrad bestellt. Als das Rad bei ihm eintraf, mußte er feststellen, daß noch einige Teile zu montieren waren, bevor das Fahrrad verkehrstüchtig war. Anhand der Gebrauchsanleitung hatte er alle Einzelteile einander zugeordnet auf dem Boden der Garage ausgelegt. Doch obwohl er die Anleitung mehrmals gründlich studiert hatte, wollte ihm die Montage nicht gelingen. Nachdenklich schaute er zu seinem Nachbarn hinüber, der auf dem Grundstück gegenüber seinen Rasenmäher reparierte. Er beschloß, den Nachbarn, der zweifellos handwerkliches Geschick besaß, um Hilfe zu bitten.

Der Nachbar schaute sich das ausgebreitete Fahrradzubehör kurz an und begann dann methodisch und geschickt, ein Teil nach dem anderen zu montieren, ohne die Gebrauchsanleitung auch nur zur Hand genommen zu haben. Nach kurzer Zeit waren alle Teile richtig angebracht.

„Wirklich erstaunlich!" sagte der Mann. „Wie haben Sie das nur geschafft, ohne die Gebrauchsanleitung zu studieren?"

„Nun, es wissen nur ein paar Leute", sagte etwas verlegen der Nachbar, „ich kann nämlich nicht lesen." Dann fügte er selbstbewußt und verschmitzt lächelnd hinzu: „Und wenn man nicht lesen kann, dann muß man denken können."

47. Gefährlich

„Und als ich so vollkommen alleine durch den Wald marschierte", erzählte der Reisende, „jagten auf einmal hundert Wölfe hinter mir her."

„Hundert Wölfe?"

„Ja, wie ich schon sagte: Hundert Wölfe verfolgten mich!"

„Ach, das kann ich nicht glauben, solche Rudel gibt es nicht!"

„Naja, hundert, wie man so sagt. Vielleicht waren's fünfzig!"

„Fünfzig wären auch genug. Aber fünfzig Wölfe? Haben Sie wirklich fünfzig Wölfe gezählt?"

„Was, zählen sollte ich sie auch noch? Ich war der Panik nahe. Kann sein, es waren zwanzig Wölfe."

„Zwanzig wären immer noch ziemlich viele, es werden wohl doch weniger gewesen sein."

„Warum streiten Sie mit mir über die Anzahl. Zehn Wölfe jagen mir Angst ein, sogar fünf, aber auch vor dreien nehme ich Reißaus. Und wenn Ihnen nur ein Wolf hinterherhetzt, kriegen sie es mit der Angst zu tun!"

„Haben Sie wirklich einen Wolf gesehen? War da wirklich ein richtiger Wolf hinter Ihnen her?"

„Ja, was glauben Sie? Wer soll dort denn sonst geknurrt haben?"

48. Methode

Zum Meister kam ein Lehrer, der ihm seine Beliebtheit neidete. Nichts verlangte er sehnlicher, als ebenso berühmt und geachtet zu sein wie der Meister. Schon einmal hatte er um eine Audienz gebeten und hatte sich mächtig aufgespielt, weil er nicht sofort vorgelassen worden war.

Endlich empfing der Meister ihn, und der zudringliche Lehrer befragte den Meister nach seiner Lehrmethode.

Der Meister legte eine Hand hinters Ohr und sagte: „Sprich bitte etwas lauter, damit ich dich besser hören kann."

Laut wiederholte der Lehrer seine Frage, doch noch einmal sagte der Meister: „Würdest du bitte etwas lauter sprechen, denn ich verstehe dich noch immer nicht."

Da beugte der Gast sich vor und brüllte so laut wie er konnte den Meister an: „Was ist deine Lehrmethode?"

Nun lächelte der Meister und sagte: „Meine Lehrmethode kennst du nicht, aber die deine hast du mir soeben verraten."

49. Verwandlung

Ein Schüler gestand dem Meister, daß er unzufrieden sei mit den Ergebnissen seiner Übungen und er das Gefühl habe, der Erleuchtung noch keinen Schritt näher gekommen zu sein.

„Du erinnerst mich an den Gottsucher, dem es auch nicht schnell genug ging", sagte der Meister. „Im Basar hatte der Gottsucher beobachtet, daß ein Mann ein grobes Tuch dem Händler zum Verkauf brachte. Der Händler machte die Ware schlecht: sie sei rauh wie ein Schotterweg und stachelig wie ein Igelrücken. Nach einigem hin und her einigte man sich auf einen recht geringen Preis und der Händler legte die Decke in seinen Kasten.

Kurz darauf kam ein Kunde und verlangte eine schöne, weiche Decke von guter Qualität. Da nahm der Händler die eben angekaufte Decke aus seinem Kasten heraus und pries sie dem Käufer in den höchsten Tönen an: diese Decke sei einfach unvergleichlich, von feinstem Tuch, so zart wie Seide.

Da stieß der Gottsucher, der alles miterlebt hatte, einen Schrei aus, lief zum Händler und rief: ‚Um meiner Seligkeit willen, bitte setze mich doch auch in deinen Zauberkasten, der minderwertiges Zeug zu Seide von höchster Güte macht, damit auch ich endlich verwandelt werde.'"

50. Enttäuschung

Der Meister ermahnte seine Schüler, Eitelkeit und Selbstsucht zu überwinden. "Eure Gebete sind nicht nur nichts wert, viel schlimmer noch, sie sind eine Beleidigung Gottes, wenn ihr nicht reinen Herzens mit ihm sprecht! Darum will ich euch ein Beispiel erzählen:

Ein frommer Mann geht abends in den Tempel, um bis zum Morgen seine Gebetsübungen zu verrichten. Als es Nacht geworden war und auch im Tempel alle Kerzen verlöscht waren, hört er in der Dunkelheit ein Geräusch. Er glaubt, daß ein anderer frommer Beter in den Tempel gekommen sei, um sich wie er den gottgefälligen Mühen des nächtlichen Gebetes zu unterziehen. Da er sich nun beobachtet weiß, verdoppelt er seinen Eifer, gleichso als wollte er in einen Wettbewerb mit seinem Konkurrenten treten.

Als die ersten Lichtstrahlen des neuen Tages den Tempel erhellten, mußte er jedoch feststellen, daß der andere nächtliche Besucher ein Hund war und er die ganze Nacht für einen Hund gebetet hatte."

51. Suchen und Finden

Bei einem Konzert war ein junger Mann auf eine hübsche junge Dame aufmerksam geworden, die zwei Reihen vor ihm saß und hingerissen dem Konzert lauschte. Der junge Mann aber hatte nur noch Augen für die schöne Dame. An dem Abend hatte er sich unsterblich verliebt.

In den folgenden Monaten bemühte er sich mit wachsender Verzweiflung um eine Begegnung mit der Geliebten, doch alle seine Bemühungen wurden zurückgewiesen. Als sie schließlich seinem Drängen nachgab, erklärte sie sich bereit, ihn bei der Bank am Parkbrunnen zu treffen.

Da saßen sie nun an einem herrlichen Sommertag zusammen auf einer Parkbank, und am Ziel seiner Sehnsucht griff der junge Mann in seine Tasche und holte einen Stapel Liebesbriefe hervor, die er ihr in den letzten Monaten geschrieben hatte. Wegen ihrer abweisenden Haltung hatte er sie jedoch nicht abzuschicken gewagt. Jetzt aber konnte er ihr ja alles sagen, was ihm am Herzen lag. Und so las er ihr Stunde um Stunde seine Briefe voll brennendem Schmerz, heißem Verlangen und glühender Sehnsucht vor.

„Was bist du doch für ein Narr", sagte die junge Dame schließlich. „Seit Stunden liest du mir deine Briefe vor und erklärst mir deine Sehnsucht nach mir. Seit Stunden sitze ich aber auch neben dir, doch du bist in deine Herzensergüsse vertieft."

III. Wir können nicht leben, wenn wir die Sonne nicht suchen

52. Ewiges Leben

„Sterben ist nichts anderes, als im Buch des Lebens eine neue Seite aufzuschlagen", sagte der Meister. „Die anderen meinen, es ist der Tod. Für die jedoch, die sterben, ist es das Leben.

Zu einem Weisen kam einmal ein Mann, der sagte, seit vielen Jahren denke er über das Sterben und den Tod nach. Auch habe er alle Bücher zu dem Thema gelesen und mit vielen Gelehrten darüber gesprochen. Doch noch immer habe er keine überzeugende Antwort auf seine Frage gefunden. Darum wolle er auch von ihm wissen: Was geschieht nach dem Tod?

Der Weise sah den Mann nur verwundert an und sagte: ‚Was fragst du mich? Frage das doch bitte jemanden, der sterben wird. Ich habe die Absicht zu leben!'"

53. Fesselnd

Rustem war ein berühmter Held und Feldherr in den Diensten des Herrschers von Persien. Er wurde von allen im Heere „Der rechte Arm des Herrschers" genannt, denn sein Mut und seine Klugheit machten ihn beliebt bei allen Soldaten, die jedoch sein rasches Aufbrausen und seinen Jähzorn in gleichem Maße fürchteten.

Einst mißfiel ihm eine Entscheidung des Herrschers so sehr, daß er sie als direkte Beleidigung seiner Person ansah und annehmen mußte, daß er in Ungnade gefallen sei. Um das drohende Schicksal abzuwenden, sammelte er seine ihm ergebenen Offiziere um sich und versicherte sich ihrer Unterstützung, denn in seiner Verbitterung plante er nichts anderes, als einen Aufstand anzuzetteln.

Als dem Herrscher dieses Vorhaben hinterbracht wurde, sprach dieser zu sich selbst: „Wenn dieser Ehrgeizling, den meine Soldaten als einen Helden verehren, die Fackel der Empörung anzündet, so weiß ich nicht, welches Bollwerk ich dagegen setzen soll. Aber ich will meine Wesire befragen und hören, was sie mir raten können."

Der Rat der Wesire empfahl dem Herrscher einstimmig, den mächtigen Verräter Rustem sofort in Ketten zu legen, um den Aufstand im Keime zu ersticken.

Nachdenklich bestätigte der Herrscher seinen Ministern, daß er ihrem Rate unverzüglich folgen wolle. Statt aber die Elitetruppe seiner Leibwache auszuschicken, um Rustem in einem günstigen Augenblick zu überwältigen und ihn in eisernen Ketten abzuführen, sandte er eine Botschaft an Rustem und bat ihn zu sich.

Übel gelaunt und mühsam beherrscht fand sich der Feldherr bei seinem Herrscher ein. Doch nicht schlecht war sein Erstaunen, als ihn der Herrscher statt mit Vorwürfen und Anklagen mit Wohltaten, Geschenken und neuen Ehren wegen seiner großen Verdienste überhäufte und ihn seiner Gnade und Liebe versicherte. Überwältigt von soviel Großmut sank der stolze Mann auf die Knie, schwor seinem Vorhaben ab und gelobte seinem Herrscher aufs neue ewige und unverbrüchliche Treue.

Doch auch die Wesire waren höchst überrascht vom Verhalten des Königs, da er ursprünglich doch ihrem Rat folgen wollte.

„Seht, meine Herren Minister", sprach der Herrscher zu ihnen, „ich habe euren Rat befolgt, mir jedoch eine kleine Abwandlung gestattet. Ich habe Rustem mit der stärksten Kette gefesselt. Für Hände und Füße braucht man viele Ketten, und sie sind grausam und eines tapferen Mannes unwürdig. Für das Herz braucht man nur eine. Und bei edlen Menschen hält sie ewig."

54. Wesentliches

Der Großmogul von Indien hatte in seinem Palast eine so große Bibliothek, daß hundert Bibliothekare angestellt waren, sie in Ordnung zu halten, und tausend Kamele nicht ausgereicht hätten, alle ihre Schriften zu transportieren. Doch der Herrscher fand keine Zeit zum Lesen, denn die Jagd war sein größtes Vergnügen. Darum trug er seinen gelehrten Brahmanen auf, das beste und nützlichste, das in den Büchern seiner Bibliothek zu finden war, in kurzen Auszügen zusammenzufassen und ihm darüber zu berichten.

Die Gelehrten arbeiteten unermüdlich zwanzig Jahre lang, um das Ansinnen des Herrschers zu erfüllen, und sie hatten es nach so langen Jahren geschafft, ein kurzes Resümee des Wissens zusammenzustellen, das nur zweitausend Bände umfaßte und von dreißig Kamelen problemlos transportiert werden konnte. Voller Befriedigung präsentierten sie dem Herrscher ihre großartige wissenschaftliche Leistung; aber zu ihrer maßlosen Enttäuschung mußten sie hören, daß der Großmogul die Ladung von dreißig Kamelen noch für viel zu umfangreich befand.

Sie verminderten also den Umfang des Wissens auf fünfzehn Kamelladungen, kürzten dann bis auf neun, reduzierten bis auf vier und halbierten es endlich bis auf zwei Kamele. Doch noch immer nicht kompakt genug, reduzierten sie das Wissen bis auf einen Umfang, den ein Esel von mittlerer Größe bequem tragen konnte.

Über die Jahre dieser großen Anstrengung waren nicht nur die gelehrten Bibliothekare sondern auch der Herrscher alt geworden. Der Großmogul bezweifelte, daß er lange

82

genug leben werde, um das Meisterwerk der kurzen Vollständigkeit auch lesen zu können. Von seiner großen Enttäuschung erzählte er einem weisen Manne, der einige Tage an seinem Hofe weilte.

„Großer Herrscher, obgleich ich die unvergleichliche Bibliothek, die du dein eigen nennst, nicht aus eigener Anschauung kenne, so traue ich mir dennoch zu, dir in kürzester Zeit einen sehr kurzen und außerordentlich nützlichen Auszug daraus vorzulegen", behauptete der Weise. „In wenigen Augenblicken kannst du ihn lesen, und du wirst soviel darin finden, daß du darüber dein ganzes Leben nachzudenken haben wirst."

Er ließ sich Pergament und Feder bringen und schrieb unverzüglich folgende vier Lehren auf:

1. Die meisten Wissenschaften enthalten im Kern nur dieses einzige Wort: vielleicht. Und alle Historie besteht aus drei Worten: Sie wurden geboren, sie litten und sie starben.

2. Liebe, was recht ist, und tue, was du liebst. Denke, was wahr ist, und sage nicht alles, was du denkst. So wirst du rechtschaffen und weise.

3. O Herrscher, bezwinge deine Begierden. Beherrsche dich selbst, dann wird es nur ein Spiel sein, die Welt zu beherrschen.

4. Und schließlich kann ich nur zu der Einsicht raten – auch wenn viele Klugschwätzer es noch immer zu bezweifeln wagen – es gibt kein Glück ohne Tugend, so wie es auch keine Tugend ohne aufrechten Glauben gibt.

55. Harmonie

Der Mann war ein Macher. Einer, der immer unter Dampf steht. Der wütend wird, wenn die Geschäfte nicht so laufen, wie er sie geplant hat. Aber der Mann war sehr erfolgreich in seinen Unternehmungen. Ein wunderbares Haus, ein sportlich elegantes Auto der Spitzenklasse, edelste Kleidung und teure Accessoires waren die Attribute seines Erfolges. In seinen wenigen freien Minuten ging er gerne in einem vornehmen Restaurant eine Kleinigkeit essen.

Dort traf er gelegentlich einen Bekannten, der als Lebenskünstler angesehen wurde. Sein Auftreten war von unnachahmlicher Eleganz, und die lag einzig und allein in seiner Ausstrahlung. Alles Aufdringliche und Unechte war ihm fremd. Lässig elegant wie seine Kleidung war auch sein Umgang: In jedem Augenblick wirkte er, als wenn er alle Zeit der Welt hätte. Er war freundlich und großzügig zu jedermann. Zudem schätzten seine Bekannten an ihm, daß er aufmerksam zuhören konnte.

Mit raschen Schritten ging der Manager auf seinen Bekannten zu, der ruhig die Zeitung schloß, die er gerade gelesen hatte.

„Sie sind mal wieder mächtig wütend", begrüßte er den Manager.

„Woher wollen Sie das wissen?" schnaubte der Unternehmer irritiert.

„Ich sehe es an Ihrer Krawatte. Die Art wie sie Ihnen um den Hals hängt, verrät es mir. Was nützt Ihnen die eleganteste Kleidung, wenn Sie nicht in Harmonie mit sich selbst sind. Die Kleidung gibt sie Ihnen nicht."

56. Hinwendung

Der Meister war mit einer Schar auserwählter Schüler auf dem Weg zu einer mehrere Tagesreisen entfernten heiligen Stätte. Um sich auf den Ort und die heiligen Handlungen vorzubereiten, hatten sie beschlossen, trotz der Strapazen der Reise ihre Zeit bis dahin in strengem Fasten zu verbringen.

Am späten Nachmittag kamen sie in ein Dorf, in dem sie über Nacht bleiben wollten. Die Dorfbewohner fühlten sich durch den Besuch sehr geehrt, und in kurzer Zeit hatten sie ein opulentes Festmahl hergerichtet, mit allem, was ihr Dorf an Wohlschmeckendem zu bieten hatte: große Schalen mit duftendem Reis, gebratenes Ziegenfleisch, köstliche Saucen, frische Früchte und süßes Naschwerk.

Als der Meister und seine Reisegruppe freundlich zu Tisch gebeten wurden, ging nur der Meister hin. Verwundert sahen sich die Schüler an: Hatten sie nicht eine Fastenzeit vereinbart? Sollte der Meister das plötzlich vergessen haben? Aber nie hätten sie es gewagt, ihn zurückzuhalten. Der Meister nahm an der reich gefüllten Tafel Platz und ließ es sich schmecken, während seine Adepten ihre knurrenden Mägen nur mit heißem Tee füllten. Auf die diskrete Frage des Dorfältesten, warum denn seine Schüler ihr Essen verschmähten, antwortete der Meister im beiläufigen Tonfall: „O, sie verschmähen eure Köstlichkeiten durchaus nicht. Aber sie fasten."

Als die Reisegruppe am nächsten Morgen in aller Frühe das Dorf verließ, konnten die Schüler nicht länger an sich halten: „Wie konnte es geschehen, daß du dich gestern abend satt gegessen hast, obwohl doch für die ganze Reise eine Zeit des Fastens beschlossen worden war. Hattest du das etwa plötzlich vergessen?"

„Nein, natürlich hatte ich das nicht vergessen", antwortete lächelnd der Meister. „Ich habe es nur vorgezogen, lieber das Fasten zu brechen als die Herzen der Menschen, die mit viel Liebe und Mühe das Essen vorbereitet und uns freundlich eingeladen hatten."

57. Gelassen

Ein islamischer Weiser kam nach langer Wanderung endlich an einen schattigen Platz, und er ruhte sich ganz entspannt unter dem weiten Schirm einer Zeder aus. Die Beine weit von sich gestreckt, die Arme unter dem Kopf verschränkt, so genoß er die Minuten der Entspannung und der Ruhe.

Doch die währte nicht lange. Ein frommer Mann kam des Weges, und der rief bei dem Anblick, der sich ihm dort im Schatten der Zeder bot, voll Entsetzen aus: „Was bist du nur für ein gottloser Mensch!"

Aus seiner Ruhe aufgeschreckt, entgegnete der Weise: „Was fällt dir ein, mich so wüst zu beschimpfen? Aus welchem Grunde soll ich gottlos und unverschämt sein? Schließlich habe ich nichts anderes getan, als mich friedlich auszuruhen. Also sage mir, was ich falsch gemacht haben soll."

„Du liegst äußerst frech und schamlos da, weil deine Füße nach Mekka zeigen, und du dadurch Allah beleidigst", belehrte ihn der fromme Mann.

Der Weise aber blieb ungerührt liegen und dachte gar nicht daran, seine erholsame Lage zu verändern. Einen Augenblick später sagte er: „Komm bitte näher, mein Freund. Fasse mich an den Füßen und drehe mich in die Richtung, in der Allah nicht ist."

58. Vergebung

Als der Kalif bei Tische saß, stolperte einer der aufwartenden Sklaven über die dicken Teppiche und ließ eine Schale voll dampfenden Reises auf das ehrwürdige Haupt fallen. Zornig starrte der Kalif den ungeschickten Sklaven an. Der warf sich in Erwartung der drohenden Strafe seinem Herrn zu Füßen und stammelte die Worte aus dem Koran:

„Das Paradies ist denen bereitet, die ihren Zorn zurückhalten und ihn beherrschen."

Mit zusammengepreßten Zähnen knirschte der Kalif: „Ich bin nicht zornig."

„Und denen, die sie beleidigt haben, verzeihen", ergänzte der Sklave den Koranvers.

Starren Blickes sagte der Kalif: „Ich verzeihe dir."

„Und die lieben Gott über alles, die Böses mit Gutem vergelten."

Mit lautem Lachen vertrieb der Kalif seinen Zorn und reichte dem Unglücklichen die Hand: „Du bist ungeschickt mit deinen Füßen, doch klug in deinem Herzen. Ich schenke dir hundert Drachmen."

Gerührt umfaßte der Sklave die Füße des Kalifen: „O mein Herr", rief er aus, „du gleichst dem edelsten Baum: Ohne Ansehen der Person leiht er seinen Schatten und schenkt Früchte selbst dem, der Steine gegen ihn schleudert."

59. Die Leute

Ein Reisender kehrte kurz vor der Stadt, dem Ziel seiner Reise, in einen Rasthof ein. Dort traf er auf den Meister, der sich mit einer Schale Tee erfrischte.

„Sag mir, wie sind die Leute in dieser Stadt. Kann man ihnen vertrauen?" fragte der Fremde.

„Sage du mir zuerst, woher du kommst und welche Leute dort leben", entgegnete der Meister.

Der Fremde winkte verächtlich ab. „Ich komme aus Belar. Die Menschen dort stehlen und betrügen, belügen dich, wo sie nur können, und sind mürrisch und mißtrauisch. Ich bin froh, daß ich ihnen nun endlich den Rücken gekehrt habe."

„Nun, es tut mir leid, dich enttäuschen zu müssen", sagte der Meister. „Hier wohnen keine besseren Menschen. Du wirst sie genau so mißtrauisch und unfreundlich finden, wie die Menschen bei dir zu Hause."

Einige Zeit später kam ein anderer Reisender zum Tisch des Meisters und sagte: „Ich bin fremd hier und kenne mich nicht aus. Wie sind denn hier die Leute so?"

„Ach, wie sollen sie schon sein? Wie sind denn die Leute dort, wo du herkommst?" fragte der Meister.

„Ich komme aus Belar", antwortete der Fremde. „Da wohnen redliche und freundliche Leute, und ich habe mich dort wohlgefühlt. Aber nun muß ich mir hier eine Arbeit suchen, obwohl ich lieber in Belar geblieben wäre."

Da lächelte der Meister und sagte freundlich: „Ich freue mich, dir versichern zu können, daß du dich hier bald wie zu Hause fühlen wirst. Denn die Leute hier sind genauso wie die Leute in Belar."

60. Schönheit

Ein mächtiger König hatte die gelehrten Männer des Reiches und einige seiner beliebtesten Berater in einer entspannten Runde um sich geschart. Sie saßen auf der Gartenterrasse des Palastes und diskutierten angeregt über die Frage, was wahre Schönheit sei. Immer wieder drangen das Rufen und Lachen ihrer Kinder, die vor ihnen in den Parkanlagen spielten, in ihr Gespräch.

Da hatte der König einen Gedanken, und weil er wissen wollte, welche Antwort sich auf seine Theorie finden ließe, rief er seinen Leibsklaven zu sich und reichte ihm einen goldenen, mit kostbaren Edelsteinen herrlich geschmückten Reif.

„Gehe zu den Kindern und setze den Reif dem Kind auf den Kopf, von welchem du meinst, daß er zu seiner Schönheit am besten paßt."

Der Sklave wußte nur zu gut, daß mit den Launen des Herrschers nicht zu spaßen war. Behutsam nahm er den Reif entgegen und fragte sich, was ihm passieren werde, wenn er die Erwartungen des Königs nicht erfüllen würde.

Er rief die Kinder zusammen, und setzte den Reif zuerst dem hübschen Königssohn aufs Haupt.

„Vermutlich wünscht der Herrscher, daß der Reif seinen Sohn am besten schmücken soll, aber irgendwie bin ich nicht zufrieden. Sind es die Augen oder wie er den Mund verzieht?" überlegte der Sklave. „Nein, er ist es nicht. Ich will ihn einem anderen Kind aufsetzen."

So probierte er es bei einem Kind nach dem anderen. Aber nie war er wirklich zufrieden. Eine Kleinigkeit störte in seinen Augen immer. Jedesmal fehlte der Harmonie, die ihm vorschwebte, eine kleine Unzulänglichkeit.

Schließlich setzte er den goldenen Reif auch dem letzten Kind in der Reihe auf den Kopf. Der paßte einfach wunderbar und schmückte den Kleinen, als wäre er speziell für ihn gefertigt worden. Einfach herrlich war der Junge anzusehen, und der Sklave nahm das Kind an die Hand, und sie traten vor den Herrscher. Der Sklave verneigte sich, und bebend vor Angst sagte er mit zitternder Stimme:

„Mein König, von allen Kindern finde ich, daß diesem Jungen der Reif am besten steht. Und wenn es mich auch mein Leben kosten sollte, da dieses Kind mein Sohn ist, so bleibe ich doch bei meiner Überzeugung."

Da lachten der König und die versammelten klugen Herren sehr herzlich.

„Behalte den Reif für deinen Sohn. Denn du hast mir genau bewiesen, was ich wissen wollte: Es ist das Herz, das die Schönheit erkennt. Sonst nichts."

61. Hingabe

Einst lebte eine junge Frau in einfachsten Verhältnissen. Sie fristete ihr Leben durch Putzen, Toilettenreinigen und Waschen für andere Leute, obwohl sie wunderschön singen konnte. Doch ihre besondere Gabe bestand nicht in ihrem Talent, sondern vielmehr darin, daß sie nicht für die Reichen und ihr Geld sang, sondern für die Leute ihrer Umgebung, die ihr nichts bezahlen konnten. Die fühlten sich durch die Schönheit ihres Gesangs reich beschenkt und waren ihr dankbar mit ihrer Freundlichkeit.

Mit der Zeit führte die Großherzigkeit der Sängerin dazu, daß ihr kleiner Ruhm über ihre nächste Umgebung hinausdrang, und so wurden Menschen auf sie aufmerksam, denen sie bei ihrer Arbeit nie begegnet wäre. Diese aufrichtigen Bewunderer ermöglichten es ihr nun, auch vor größerem Publikum zu singen.

Die Wesenszüge der Güte und Wohltätigkeit ihres Herzens, welche unmittelbar der Freude des Singens entsprangen, formten ihre Stimme derartig, daß ihr Gesang eine Quelle des Trostes und der Ermutigung für viele Menschen wurde. Und so wuchs sie über die Mühsal ihrer gewöhnlichen Arbeit hinaus und wurde berühmt und verehrt im ganzen Land.

62. Ausstrahlung

Ein Schüler fragte den Meister: „Bitte sage mir, woran erkenne ich einen guten Menschen?"

„Einen guten Menschen erkennst du nicht an dem, was er sagt", antwortete der Meister. „Er ist auch nicht an dem zu erkennen, was er zu sein scheint. Du kannst ihn aber erkennen an der Atmosphäre, die durch seine Gegenwart erzeugt wird. Denn niemand ist befähigt, eine Atmosphäre zu erschaffen, die seinem Geist nicht entspricht."

63. Freiheit

Eine schöne und erfolgreiche Frau war zeit ihrer Karriere von den Medien umschwärmt worden. Dann hatte sich eine Krankheit bemerkbar gemacht, die sie zur Aufgabe ihrer Arbeit zwang. Zurückgezogen lebte sie an einem stillen Ort zusammen mit ihrer Vertrauten und Pflegerin. Denn erst als ihre Beine gelähmt und auch die Bewegungen des linken Armes beeinträchtigt waren, wagten die Ärzte zu hoffen, daß die Krankheit sich nicht weiter ausbreiten werde.

Jahrelang hatte die Frau keine Interviews gegeben. Nun hatte sie sich entschlossen, einem Journalisten und Freund aus früheren Tagen Rede und Antwort zu stehen, da er auf ihre Lebenserfahrungen für ein Buch, das er veröffentlichen wollte, nicht verzichten mochte. Er hatte sie vom Thema und Aufbau seines Werkes überzeugen können, und so verabredeten sie, an einem schönen Sommernachmittag miteinander ein langes Gespräch zu führen.

Sie hatten über ihre Kindheit und ihre Karriere, über ihre Berufserfahrungen und zuletzt auch über ihre Krankheit gesprochen. Der Journalist meinte, besonders mitfühlend zu sein, als er von dem grausamen Schicksal sprach, das sie getroffen habe.

„Diese Formulierung lehne ich ab", widersprach die im Rollstuhl sitzende Frau. „Oder vielmehr, das Denken, das hinter einer solchen Formulierung steht. Der Begriff ‚Schicksal' wird heute immer nur negativ belegt, sozusagen als Synonym für ‚die Strafe der Götter'; oder noch fatalistischer ‚als die entseelte Manipulation einer übergeordneten Macht'. ‚Schicksal' können aber sehr wohl auch die glücklichen Wendungen im Leben sein. Wenn aber Schicksal sowohl glückliche als auch unglückliche Ereignisse im Leben bezeichnet, dann bedeutet das Wort ‚Schicksal' nur das Leben selbst. Es gibt für mich kein ‚grausames Schicksal', es gibt für mich nur mein Leben."

Dieses mit Nachdruck vorgetragene Argument ließ den Journalisten nachdenklich verstummen. Dann räusperte er sich und fragte: „Wollen Sie damit sagen, daß Sie ihr Leben auch heute noch genießen?"

„Natürlich genieße ich das Leben!" bekam er lachend zur Antwort. „Das Leben ist einfach wunderbar. Besonders, weil ich keine andere Wahl habe."

64. Füreinander bestimmt

Der Philosoph Moses Mendelssohn wurde nicht nur von den jüdischen Gemeinden hoch verehrt. Sein Vorbild und seine aufgeklärte Toleranz verewigte Lessing in seinem Schauspiel „Nathan der Weise". Zu den Verehrerinnen Mendelssohns zählte auch die Tochter des Kaufmanns A. Guggenheim aus Hamburg, der ihn gerne als seinen Schwiegersohn gesehen hätte. Darum lud er Mendelssohn zu einem Besuch nach Hamburg ein.

Guggenheim hieß ihn herzlich willkommen und stellte ihm nach einiger Zeit seine Tochter vor. Dann ließ er die beiden allein.

Am nächsten Tag besuchte Mendelssohn den Kaufmann in seinem Büro. Die beiden waren etwas bedrückt, und keiner schien die richtigen Worte finden zu können. Mendelssohn räusperte sich und sprach von der anmutigen Tochter, die ihm sehr gefalle.

Guggenheim war sichtlich unwohl zumute. „Soll ich Ihnen ehrlich sagen ..."

„Ja, natürlich. Ich bitte Sie", unterbrach ihn Mendelssohn.

„Da Sie ja ein Philosoph sind, ein wohldenkender und weiser Mann", fuhr Guggenheim zögernd fort, „ und Sie das Leben kennen, werden Sie es meinem Kinde nicht übelnehmen, daß sie, wie sie mir gesagt hat, erschrocken sei, als Sie sie gesehen hat, weil Sie ..."

„Weil ich einen Buckel habe!" fiel ihm Mendelssohn ins Wort. Guggenheim nickte stumm.

„Ich habe nicht erwarten können, daß dies nicht passieren würde. Und ich habe das Entsetzen Ihrer Tochter wohl bemerkt, auch wenn sie sich sehr bemühte, es mich nicht merken zu lassen, um meine Gefühle nicht zu verletzen. Doch da ich Ihre Tochter liebgewonnen habe, möchte ich sie zum Abschied gerne noch einmal besuchen dürfen."

Guggenheim gab seine Einwilligung, und Mendelssohn fand das Mädchen bei einer Näharbeit am Fenster sitzend. Mendelssohn nahm einen Stuhl, setzte sich zu der Tochter und unterhielt sich freundlich mit ihr. Doch das Mädchen sah kein einziges Mal von ihrer Näharbeit auf.

Sie hatten ganz allgemein von Glück, Ehe und Familie gesprochen, als das Mädchen fragte: „Glauben Sie etwa auch, daß die Ehen im Himmel geschlossen werden?"

„Ganz bestimmt glaube ich das", antwortete der Philosoph. „Und ich weiß es aus eigener Gewißheit. Ihnen ist doch die Sage aus dem Talmud bekannt, die davon berichtet, daß bei der Geburt eines Kindes im Himmel festgelegt wird: Der und der bekommt die und die! Nun wurde auch mir meine zukünftige Frau zugewiesen, und dabei hieß es, daß sie einen Buckel haben wird. ‚Lieber Gott', schrie ich da auf, ‚das kann Dein Wille doch nicht sein, ein so schönes Geschöpf durch einen Buckel zu verunstalten. Lieber Gott, dann gib besser mir den Buckel und lasse das Mädchen schön und anmutig sein.'"

Kaum hatte Mendelssohn das gesagt, als ihm das Mädchen zärtlich lächelnd um den Hals fiel.

65. Gerüchteküche

Ein reicher Händler hatte im Ort viele Neider. Über den Erfolg seiner Geschäfte und über seinen Reichtum wurde in der Öffentlichkeit viel geredet. Und kein Gerücht machte schneller die Runde, als wenn es den Erfolg oder Mißerfolg seiner Geschäfte zum Inhalt hatte.

Der Händler fuhr mit seinen Waren zu den großen Märkten der Nachbarorte und bot sie dort an. Seit einiger Zeit hatte er die Gewohnheit angenommen, am Ende eines erfolgreichen Tages mit düsterer Miene heimzukehren und abends in seinem Haus kein Licht zu machen. Hatte er an einem Tage keinen sonderlich guten Umsatz erzielen können, kam er lachend und fröhlich nach Hause und ließ die Lampen in allen Räumen brennen.

Sein bester Freund, der mit den Vorgängen im Geschäft gut vertraut war, fragte ihn nach einiger Zeit: „Erkläre mir, warum du an schlechten Tagen fröhlich bist und dein Haus hell erleuchtest und an guten Tagen dich genau gegensätzlich verhältst? Erst habe ich gedacht, das sei nur eine spontane Idee von dir. Aber jetzt treibst du es schon seit Wochen so."

Grinsend sagte der Händler: „Dir will ich gerne mein Geheimnis verraten. Du weißt doch, wie neidisch und schadenfroh all die Klatschmäuler hier im Ort sind. Und ich wollte mich nicht länger doppelt ärgern, nämlich darüber, daß das Geschäft an manchen Tagen schlecht gelaufen ist, und noch zusätzlich über die Spötter, die sich über meinen schlechten Tag auch noch das Maul zerreißen. Vor Wochen faßte ich einen Entschluß, der mir meinen Seelenfrieden wiedergegeben hat.

Wenn ich nach einem guten Geschäft nach Hause komme, dann mache ich kein Licht an, denn ich bin froh und glücklich. Also sollen auch meine Feinde und Neider glücklich sein, indem ich sie denken lasse, daß ich einen schlechten Geschäftstag hatte.

Wenn ich aber an einem Tag wenig Erfolg hatte, und ich schlechte Laune habe, dann lasse ich mein Haus hell und freundlich erscheinen. Das hebt meine Stimmung, vor allem weil sie draußen jetzt denken, daß ich viel verdient habe und sich nun darüber ärgern."

66. Pragmatisch

Ein König suchte einen Verwalter für den Staatsschatz. Er beauftragte seinen Minister, ihm einen geeigneten Mann für dieses Amt vorzuschlagen.

Nach einigen Tagen berichtete der Minister, daß er den richtigen Mann gefunden habe, denn seine Tugenden seien über jeden Zweifel erhaben. Der König bat, ihm den Kandidaten vorzustellen.

„Junger Mann", sagte der König. „Stelle dir vor, du gehst durch die Straßen, und da findest du einen herrlichen Edelstein, der vor deinen Füßen funkelt. Wirst du ihn aufheben?"

„Aber nie und nimmer hebe ich etwas auf, das mir nicht gehört!" antwortete der Kandidat.

„Der Mann ist ungeeignet für das Amt", entschied der König.

Einige Zeit später stellte der Minister dem König einen neuen Kandidaten vor, und der König stellte zur Prüfung die gleiche Frage.

„Natürlich würde ich den Edelstein aufheben", sagte der Kandidat.

„Auch dieser Mann ist für das Amt nicht geeignet", urteilte der König.

Der Minister war sehr verzweifelt, denn er konnte nicht einschätzen, welche Maßstäbe der König für seine Beurteilung des Kandidaten anlegte. Nach einigen Tagen kam er in Begleitung eines jungen Mannes zum König, der ihm von erfahrenen und hochgeachteten Männern des Reiches empfohlen worden war.

„Wenn du durch die Straßen meines Reiches gehst und da

einen Edelstein vor deinen Füßen liegen findest, wirst du ihn aufheben oder nicht?" fragte der König auch diesen Kandidaten.

„Ach, mein König", antwortete der junge Mann. „Erst einmal finden, dann werde ich schon wissen, was ich gerechterweise zu tun habe."

Da sagte der König: „Er ist der Verwalter, dem ich meine Schatzkammern anvertraue."

67. Unverständlich

uf einer entlegenen Insel erforschte ein Anthropologe die Strukturen der Inselgesellschaft und die Verhaltensweisen der Bewohner. Eines Tages wurde er aber selbst zum Mittelpunkt der Neugier, denn einige Insulaner wollten von ihm wissen, wie es draußen in der weiten Welt zuginge.

„Wir erfahren hier ja manches durch das Radio, und wenn etwas ganz wichtig ist, wird es uns per Funk mitgeteilt. Einige von uns, die von hier weggegangen sind, haben sogar auf dem Kontinent studiert, und manchmal kommt jemand von denen für ein paar Wochen hierher zurück. Was es draußen in der Welt aber Besonderes gibt, hat uns schon lange niemand mehr erzählt."

„Ich weiß gar nicht, womit ich beginnen soll", sagte der Anthropologe. „Aber da ihr das Radio erwähnt habt, will ich euch sagen, daß es so etwas ähnliches gibt, das nicht nur Sprache und Musik, sondern auch Bilder sendet. Dadurch kann man bereits nach kurzer Zeit sehen und hören, was irgendwo auf der Welt passiert ist. Sprechen kann man heute mit den meisten Menschen, die weit von einander entfernt sind, innerhalb kürzester Zeit per Telefon. Jetzt gibt es kleine Telefone, die man in der Hosentasche mit sich führt, und jeder kann sofort mit jedem sprechen, der auch so ein Telefon hat, egal in welcher Stadt oder in welchem Land der andere lebt. Man kann aber auch Nachrichten und Briefe abschicken, die nur ein paar Sekunden später beim Empfänger irgendwo auf der Welt ankommen. Man kann also innerhalb von ein paar Sekunden alle Nachrichten und Informationen rund um die ganze Erde schicken. Man braucht also keinen Boten, der sich auf eine lange Reise begeben muß, und man muß auch nicht warten, bis ein Brief, auf dem Postweg mit Eisenbahn und Schiff unterwegs, erst nach vielen Wochen beim Empfänger eintrifft. Aber auch die Eisenbahnen fahren immer schneller, und immer mehr Flugzeuge fliegen immer schneller von einem Ort zum andern. Alles geht immer schneller in der Welt da draußen, es ist kaum zu glauben."

Staunend hatten die Insulaner zugehört. „Wenn das alles stimmt, was du uns erzählt hast", sagte der Älteste von ihnen, „dann verstehe ich trotzdem eines nicht: Wenn alles immer schneller erledigt ist, warum habt ihr dann trotzdem keine Zeit?"

68. Nicht betroffen

Ein Passagierschiff fuhr aufs Meer hinaus. Es war schon einige Stunden unterwegs, als das Wetter sich verschlechterte und sich ein schlimmer Sturm erhob. Das Schiff wurde hin und her geworfen und rollte von der einen Seite auf die andere. Von mächtigen Wellen emporgehoben, sank es in tiefe Wellentäler. Wellen schlugen über die Reling, und den Passagieren wurde es sehr elend. Kaum einer konnte sich auf den Beinen halten. Frauen fielen in Ohnmacht. Manch eine fing an zu weinen, doch ein Passagier begann laut zu jammern und zu wehklagen: „O Gott, das Schiff! Hilfe, das Schiff!"

Ein Mitreisender, der meinte, daß dieses Gezeter die Aufregung und Anspannung nur noch verschlimmerte, ging auf ihn zu, faßte ihn an die Schulter und rief: „Was machst du für ein Geschrei? Was soll das? Ist es denn dein Schiff?"

69. Unterschied

Der Jähzorn des Herrschers war gefürchtet. Niemand in seiner Nähe konnte sicher sein, ob seine rasch entflammbare Wut nicht ihn als nächsten treffen würde.

Einmal erzürnte eine Ungeschicklichkeit des Offiziers seiner Leibwache den Herrscher derart, daß er ihn auf der Stelle zum Tode verurteilte. Während der Offizier abgeführt wurde, beklagte er sein Schicksal und beschuldigte den Herrscher als einen unbeherrschten Tyrannen und einen ungerechten Richter.

Der Herrscher, dessen Wut schon wieder verrauchte, fragte die Umstehenden, was der Offizier gesagt habe. Einer von den Ministern, der Mitleid mit dem Verurteilten hatte und nicht von neuem den Zorn des Herrschers entfesseln wollte, gab zur Antwort: Der Offizier habe gesagt, Gott liebe diejenigen, die ihren Zorn mäßigen und unbeabsichtigte Fehler verzeihen könnten.

Der Herrscher erkannte, daß wieder einmal sein Jähzorn ihn übermannt hatte und befahl, den Offizier freizugeben, da er ihm die Strafe erlasse.

Einer von den Hofleuten wollte sich in die Gunst des Herrschers bringen und zugleich dem Minister schaden. Darum trat er vor und sagte: „Ein Untertan soll seinen Herrn nicht belügen und ihm die Wahrheit nicht vorenthalten. Der Verurteilte hat den Herrscher beschimpft und beschuldigt!"

Zornig sah der Herrscher den Höfling an und sagte: „Des Ministers großherzige Unwahrheit ist mir lieber als deine boshafte Wahrheit!"

70. *Uneins*

*S*eit Jahren hauste ein Einsiedler in seiner einsamen Hütte und strebte nach Erleuchtung durch strenge Askese. Einmal geschah es, daß ein Wanderer sich in seine Gegend verirrte. Müde und erschöpft kam er zu der Hütte und bat den Einsiedler um einen Becher Wasser.

Der aber wollte sich in seiner Meditation nicht stören lassen und wies den Wanderer mit den Worten ab: „Laß mich in Ruhe und störe mich nicht. Mich kümmert dein Durst nicht. Mein Sinn ist auf Höheres gerichtet, denn ich suche die Einheit mit Gott."

„Wie willst du eins werden mit Gott, wenn du nicht einmal einig mit mir wirst?" fragte der Wanderer und ging seiner Wege.

71. Gottvertrauen

„Mit nur einem Geldstück in der Tasche habe ich mich auf die wochenlange Pilgerfahrt begeben. Ich bin durch Wüsten und Wälder gezogen, doch dank meines Gottvertrauens habe ich es nicht ausgeben müssen", so brüstete sich der Pilger.

„Wo war denn dein Gottvertrauen, als du das Geldstück eingesteckt hast?" fragte der Meister.

72. Reichtum

Ein Mann klagte sehr, daß es ihm gar nicht gut gehe. Es täte ihm alles weh, und Geld habe er auch keines. So fuhr er fort zu lamentieren und zu jammern.

Einer, der in seiner Nähe saß, wollte die Litanei des Selbstmitleids nicht länger anhören und fragte den Klagenden: „Möchtest du lieber blind sein, dafür aber zehntausend Mark besitzen?"

„Auf keinen Fall", sagte der Jammerer.

„Vielleicht möchtest du statt dessen lieber stumm sein und dafür zehntausend Mark haben?"

„Absolut nicht!"

„Möchtest du Arme und Beine verlieren, dafür aber zwanzigtausend Mark dein eigen nennen?"

„Nie und nimmer!"

„Aber dir ist es vielleicht lieber, wahnsinnig zu werden und zehntausend Mark auf dem Konto zu haben?"

„Davor bewahre mich das Schicksal!"

„Schämst du dich denn nicht angesichts der Tatsache, daß du Güter im Wert von wenigstens fünfzigtausend Mark dein eigen nennst, und dennoch hier herumsitzt und jammerst, wie schlecht es dir geht?"

73. Zeit haben

An einem schönen Sommernachmittag setzte sich eine junge Frau neben einen Mann auf die Parkbank, die am Rande des Kinderspielplatzes stand.

„Der Kleine im roten Pullover dort auf der Rutschbahn ist mein Sohn", erklärte sie ihrem Nachbarn.

„Wirklich ein netter Bursche", sagte der Mann. „Mein Sohn ist der im blauen Anorak dort auf der Schaukel."

Und während er das sagte, schaute er auf seine Uhr und rief zu seinem Sohn hinüber: „Stefan, wir sollten nach Hause gehen."

„Nur noch fünf Minuten! Bitte, Papa, noch fünf Minuten", bettelte Stefan. Der Vater nickte zustimmend, und sein Sohn gab der Schaukel neuen Schwung.

Der Vater machte es sich noch einmal bequem, genoß ein paar Minuten lang den Sonnenschein auf seinem Gesicht und schaute den spielenden Kindern zu. Doch dann rief er: „Stefan, komm, wir gehen jetzt!"

„Ach, Papa, noch fünf Minuten. Bitte, nur noch fünf Minuten!"

Der Vater lächelte und rief: „Also gut, meinetwegen!"

„Sie sind aber wirklich ein sehr großzügiger Vater", sagte die junge Frau.

„So großzügig bin ich gar nicht zu ihm. Es ist schon eher meinetwegen", erwiderte der Mann. „Wissen Sie, vor einem Jahr verunglückte mein ältester Sohn Florian tödlich, als er hier in der Nähe auf seinem Fahrrädchen von einem betrunkenen Autofahrer überfahren wurde. Ich hatte wegen meiner Arbeit nie viel Zeit mit Florian verbracht, und jetzt würde ich alles geben für fünf Minuten mit ihm. Ich habe geschworen, bei Stefan denselben Fehler nicht noch einmal zu machen. Er glaubt, er habe noch fünf Minuten zum Schaukeln gewonnen. In Wahrheit habe ich noch fünf Minuten bekommen, um meinem Sohn beim Spielen zuschauen zu dürfen."

74. Verschüttete Milch

Während der Hauptverkehrszeit in den frühen Morgenstunden rutschte einem Kleinlaster, der zur Molkerei fuhr, eine große Milchkanne von der Ladefläche, der Deckel sprang ab und dreißig Liter Milch ergossen sich über die Fahrbahn. Ein Polizist stoppte den Verkehr und der Fahrer holte die verlorene Kanne zurück.

Schon wollte der Polizist den Verkehr wieder freigeben, als er eine kleine Katze aus den Büschen am Straßenrand auf die Fahrbahn gehen sah, die anfing, die Milch aufzulecken. Der Polizist gab die Fahrbahn nicht frei, und ungefähr drei Ampelphasen lang mußten die Autofahrer warten.

Nachdem das Kätzchen sich satt getrunken hatte und wieder in den Büschen verschwunden war, gab der Polizist das Zeichen, und der Verkehr rollte weiter, als wenn nichts geschehen wäre.

75. Möglich

*E*ine Lehrerin fragte ihre kleinen Schüler, was sie denn werden wollen, wenn sie einmal groß sein würden. Wild durcheinander kamen von allen Seiten die Rufe: „Schlagersänger"; „Fußballspieler"; „Lehrerin"; „Ärztin"; „Pilot"; „Schauspielerin"; „Rennfahrer"... Jedes Kind in der Klasse hatte einen Wunsch, nur ein Schüler meldete sich nicht. Die Lehrerin bemerkte, daß Moritz ganz still und nachdenklich in seiner Bank saß.

Darum sprach sie ihn direkt an: „Moritz, was möchtest denn du einmal werden, wenn du groß bist?"

„Ich möchte ‚möglich' werden", platzte Moritz heraus.

„Möglich? Was bedeutet ‚möglich'?" fragte die Lehrerin.

„Weil meine Mutti immer sagt", erklärte Moritz, „ich sei unmöglich. Wenn ich groß bin, will ich darum ‚möglich' werden."

76. Geschenk

Auf einer abgelegenen Südseeinsel lauschte ein Schüler aufmerksam der Weihnachtserzählung der Lehrerin, die gerade erklärte: „Die Geschenke an Weihnachten sollen uns an die Liebe Gottes erinnern, der seinen Sohn zu uns auf die Erde gesandt hat, um uns zu erlösen, denn der Gottessohn ist das größte Geschenk für die ganze Menschheit. Aber mit den Geschenken zeigen die Menschen sich auch untereinander, daß sie sich lieben und in Frieden miteinander leben wollen."

Am Tage vor Weihnachten schenkte der Junge seiner Lehrerin eine Muschel von ausgesuchter Schönheit. Nie zuvor hatte sie etwas Schöneres gesehen, das vom Meer angespült worden war.

„Wo hast du denn diese wunderschöne und kostbare Muschel gefunden?" fragte sie ihren Schüler.

Der Junge erklärte, daß es nur eine einzige Stelle auf der anderen Seite der Insel gäbe, an der man gelegentlich eine solche Muschel finden könne. Etwa zwanzig Kilometer entfernt sei eine kleine versteckte Bucht, dort würden manchmal Muscheln dieser Art angespült.

„Sie ist einfach zauberhaft", sagte die Lehrerin. „Ich werde sie mein Leben lang bewahren und dich darum nie vergessen können. Aber du solltest nicht so weit laufen, nur um mir ein Geschenk zu machen."

Mit leuchtenden Augen sagte der Junge: „Der lange Weg ist Teil des Geschenks."

77. Im Einklang

*E*in Meister wurde sehr verehrt, und Scharen von Schülern und Pilger von überallher suchten seine Nähe. So viel Bewunderung schürte die Eifersucht eines Mächtigen im Land, und er beschloß, sich der Quelle seines Neides zu entledigen, und schickte einen gedungenen Mörder los.

Der Attentäter war sehr verwundert, als er erfuhr, daß der so hochverehrte Meister nicht in einem Palast oder Tempel lebte, sondern eine einfache Hütte draußen in der Natur bevorzugte.

„Um so besser", dachte der Mörder, „dann werde ich auf keinen nennenswerten Widerstand stoßen, und es wird eine Kleinigkeit sein, mein Vorhaben auszuführen."

Er schlich sich an die einsame Hütte heran, doch je näher er kam, desto mehr wandelte sich seine Einstellung zu seinem Vorhaben. Unmutig schüttelte er den Kopf, als wolle er die Plagegeister abschütteln, die ihn auf einmal bedrängten. Da sah er den Meister nur wenige Schritte entfernt ruhig im Schatten meditieren. Die Gelegenheit war günstig: Der Mörder hob die Hand, die den Dolch umklammerte, doch statt zuzustechen, ließ er den Dolch seiner Hand entgleiten.

„Ich kann dir nichts antun", sagte er zum Meister. „Doch sag mir, welche Macht dich schützt und mich zwingt, mein Vorhaben aufzugeben."

„Meine Übereinstimmung mit dem Universum, meine Harmonie mit dem Unendlichen. Du kannst auch sagen, mein Einsein mit Gott."

Vor dieser Macht beugte der Attentäter seine Knie und bat, als Schüler aufgenommen zu werden.

IV. Dunkelheit kann das Licht nicht löschen

78. Pflichterfüllung

Der König eines großen Reiches liebte das Wohlleben mehr als die Mühsal des Regierens. Viel lieber als den Botschaftern und Politikern lauschte er den Melodien seiner Hofmusiker, den Lobeshymnen seiner Hofdichter und dem Lachen seiner Hofdamen. Die Verwaltung seines Reiches überließ er seinem Ersten Minister.

Zum Glück war dieser das genaue Gegenteil seines Herrn: Er war ein verantwortungsbewußter Diener seines Volkes, er liebte die Gerechtigkeit und wachte Tag und Nacht über das Wohl seines Landes. Alle Ämter hatte er mit geschickten und ehrlichen Leuten besetzt, und wer eines Vergehens oder einer Ungerechtigkeit überführt worden war, der wurde ungeachtet seiner Stellung im Staate nach dem Wortlaut des Gesetzes bestraft.

Die Schmeichler des Königs sahen darin eine nicht geringe Einschränkung ihrer Interessen, und sie neideten dem Ersten Minister seine Macht und sein Ansehen. Sie fingen an, Gerüchte gegen ihn in Umlauf zu setzen, spannen

Intrigen, damit er sich in ihren Stricken verfange, und sie verleumdeten ihn beim König. Beharrlich setzten sie dem schwachen König solange zu, bis er ihren Anschuldigungen glaubte und seinen treuen Minister vom Hofe verbannte.

Der verstoßene und gedemütigte Minister sah wohl ein, daß jeglicher Verteidigungen seiner Unschuld und allen seinen Rechtfertigungen kein Gehör geschenkt werden würde, und darum nahm er mit Gelassenheit seine Verbannung an. Er schrieb nur einen Brief an den König, den er durch einen Vertrauten überbringen ließ. Er ließ den König wissen, daß er sich immer bemüht habe, den hohen Pflichten gegenüber seinem König und seinem Land gerecht zu werden, und daß er sich in all den Jahren nichts habe zuschulden kommen lassen. Darum erbitte er für seine Dienste keine andere Belohnung, als daß der König, sein Herr, ihm einige verwilderte Ländereien schenken möge. Da er sonst nichts besitze, wolle er sie zum Erwerb seines Lebensunterhaltes urbar machen.

Eine solche Kleinigkeit wollte ihm der König nicht abschlagen, denn schon hatte er angefangen, die Fähigkeiten seines Ministers zu vermissen. Er schickte Reiter aus, die im ganzen Lande nach einem verwüsteten oder verwilderten Landstrich suchten. Doch ein jeder Kundschafter meldete bei seiner Rückkehr, er habe keinen solchen Ort finden können. Vielmehr gleiche das ganze Reich einem großen Garten. Alle Gegenden seien fruchtbar. Überall würden Ackerbau und Handel betrieben, die Märkte seien reich bestückt und die Einwohner lebten in Wohlstand. Nirgends seien Öden, noch Elend und Armut zu finden.

Der König, dem diese Nachrichten von Leuten überbracht wurden, die nicht verstanden, wie sehr solcher Wohlstand des Landes die Unschuld des Verbannten beweise, ließ seinem ehemaligen Minister ausrichten, er wolle ihm für seine Verdienste die schönsten Ländereien schenken, die er sich wünsche.

Nachdenklich wurde der König, als er die Antwort des Verbannten in Händen hielt: „Ich begehre in Wahrheit keine Ländereien, vielmehr sprach ich den Wunsch aus, damit du durch neutrale Beobachter vom Zustand deines Reiches erfahren solltest, als untrüglichen Beweis dafür, daß ich dir treu gedient habe. Dir diese Gewißheit vermittelt zu haben, war mein größter Wunsch und meine Hoffnungen sind erfüllt, wenn mein Nachfolger im gleichen Sinne handelt."

Diese Nachricht öffnete dem König die Augen. Zerknirscht bat er den Verstoßenen um Verzeihung und drängte ihn sehr, um des Reiches willen, seine früheren Aufgaben wieder zu übernehmen. Er setzte den Minister in alle seine früheren Würden ein und ließ die Verleumder bestrafen. Sich selbst nahm er fest vor, seinen Damen und seinen Künstlern die Sorge um sein Wohlergehen, seinem Minister aber die unumschränkte Regierung seines Reiches zu überlassen. Man sagt, daß er sich zeitlebens an diese Regel gehalten habe.

79. Inbrunst

Eine junge Frau war auf dem Weg zu ihrem Geliebten. In ihrer Freude auf das bevorstehende Wiedersehen mit ihrem Freund sah sie den betenden Mullah nicht, als sie vor ihm vorüberging, was nach dem Gesetz des Islam verboten ist. Den Mullah ärgerte dieser Frevel sehr, und er beschloß, die Frau bei ihrer Rückkehr zur Rede zu stellen.

Als er sie erblickte, stellte er sich in ihren Weg und begann, ihr heftige Vorwürfe zu machen: „Wie konntest du es wagen, eine solch große Sünde zu begehen, indem du vor mir hergingst, während ich betete?"

Verwirrt ob dieser Schimpftiraden fragte die Frau den zornigen Mullah: „Was ist das: Beten?"

Das machte den Mullah sprachlos. Er hielt inne mit seinen Vorhaltungen, und sein Zorn verflog. „Du weißt nicht, was Beten ist? Dann will ich es dir erklären. Während ich bete, denke ich an Gott, den Herrn des Himmels und der Erde. Ich öffne ihm meinen Geist und mein Herz, und mein Inneres spricht zu ihm."

„Es tut mir sehr leid, wenn ich aus Unwissenheit einen Fehler gemacht habe. Aber ich weiß kaum etwas von Gott und vom Beten. Niemand hat mich darüber belehrt. Ich war auf dem Weg zu meinem Geliebten und ganz von Sehnsucht erfüllt. Ich sah nicht, daß Sie beteten. Aber wie konnte es sein, daß Sie mich bemerkten, wo doch Ihr Geist und Ihr Herz auf Gott gerichtet war?"

Tief beschämt bat der Mullah um Verzeihung für sein Verhalten und sagte: „Ich bin es, der von dir lernen kann."

80. ... und auf Erden

Einst kam zum Meister einer, der ihn herausfordern wollte und fragte: „Wenn Gott oben im Himmel ist, warum beugt ihr euch beim Beten immer zur Erde? Das gibt doch keinen Sinn."

Der Meister sah den Herausforderer nur milde lächelnd an und sagte: „Ja, Gott ist im Himmel. Aber wo sind seine Füße? – Auf der Erde. Wenn du dich zur Erde beugst, berührst du seine Füße."

81. Angebot

Die Inhaberin einer professionellen Heiratsvermittlung redete auf den schüchternen und nicht besonders attraktiven jungen Akademiker ein: „Hören Sie, diese junge Dame ist wirklich hübsch und intelligent, genau die Richtige für Sie."

„Sie gefällt mir aber nicht", murmelte der junge Mann.

„Nun, wenn Sie auf äußere Schönheit nichts geben, so empfehle ich Ihnen diese junge Dame: Sie ist zwar nicht außergewöhnlich hübsch, doch häßlich ist sie gewiß nicht – und sie besitzt einiges an Barvermögen."

„Das ist für mich kein Kriterium."

„Na, das reicht Ihnen nicht? Schön – hier ist eine Kandidatin, die neben einem beträchtlichen Kontostand auch ein eigenes Haus und natürlich ihr eigenes Fahrzeug besitzt, außerdem eine Ferienwohnung in der Toscana."

„Ich bitte Sie, verschonen Sie mich. Geld spielt für mich wirklich keine Rolle!"

„Ach jetzt habe ich Sie verstanden: Sie suchen eine Tochter aus gutem Hause. Auch da kann ich Ihnen gerne behilflich sein. Diese junge Dame stammt aus einer alten Arztfamilie; seit Generationen alles Mediziner, einige Juristen darunter. Das ist die Richtige für Sie und hübsch ist sie auch", strahlte die Heiratsvermittlerin.

„Hören Sie, ich will von all den Dingen nichts wissen. Wenn ich heirate, werde ich nur aus Liebe heiraten!"

„Nur nicht gleich verzweifeln, junger Mann. Auch dafür kann ich Ihnen ein attraktives Angebot machen!"

82. Frustkauf

Eine Frau hatte seit drei Tagen schlechte Laune, ohne daß sie mit Bestimmtheit hätte sagen können, was die Ursache ihrer gedrückten Stimmung sei. So kam sie auf den Gedanken, sie müsse sich etwas Gutes tun, damit wieder etwas Sonne in ihren Alltag käme. Diese Idee schien ihr wie ein Lasso, mit dem sie die Freude würde einfangen können.

Sie beschloß, einen Schaufensterbummel zu machen und fuhr in die Stadt. Sie bemerkte, wie die Vorfreude auf ein schönes Geschenk, das sie sich selber machen werde, ihre Stimmung hob. Da sah sie auch im gleichen Augenblick ein Paar hübscher Schuhe im Fenster stehen, solche, die sie sich schon immer gewünscht hatte.

Sie betrat das Schuhgeschäft und wurde gleich von einer freundlichen Verkäuferin nach der Art der gewünschten Schuhe, nach der Größe und nach der Schuhfarbe gefragt. Rasch waren mehrere Paare vom Lager geholt, und die Kundin probierte das eine und das andere Paar. Doch irgendwie gefielen ihr die Schuhe nicht recht, sie waren zu eng oder zu groß, und die Verkäuferin holte weitere Modelle. Leider war die Kundin auch mit dieser Auswahl nicht ganz zufrieden, denn ihr waren die Absätze vielleicht doch zu hoch oder die Schuhe zu teuer.

Mehr als zehn Paar Schuhe standen um die Kundin herum, und die Verkäuferin übte sich in großer Geduld. Enttäuscht und etwas bedrückt schaute die Kundin die Schuhe an. Längst war der Anflug gehobener Stimmung wieder verschwunden. Unsicher geworden probierte sie doch noch ein Modell – und welche Freude – die Schuhe saßen bequem.

Die Kundin ging ein paar Schritte auf und ab und fand die Schuhe wie für sie gemacht. Ihr Entschluß stand fest: Die nehme ich oder keine.

„Was kosten diese Schuhe?" fragte sie die Verkäuferin.

„O, diese Schuhe kosten nichts", erhielt sie zur Antwort.

„Ach das kann doch nicht sein. Solche Werbegeschenke gibt es doch gar nicht. Wollen Sie mich etwa auf den Arm nehmen?"

„Nein, durchaus nicht. Diese Schuhe kosten wirklich nichts. Denn es sind Ihre eigenen Schuhe, die sie schon trugen, als sie das Geschäft betraten."

83. Gute Freunde

Ein Mann war durch seinen Handel zu großem Reichtum gekommen. Er hatte die Jahre seines Elends aber nicht vergessen, und so unterstützte er die Armen und half, wo er nur konnte. Viele waren stolz darauf, von ihm Beistand zu erhalten und in ihrer Umgebung brüsteten sie sich damit, seine Freunde zu sein.

Dann geschah es aber, daß der Reiche in einem Sturm seine zwei besten Schiffe mit all seinen wertvollen Gütern verlor und nun selbst wieder arm war. Überall sprach man von seinem verlorenen Glück, und die Freunde aus seiner Glanzzeit verließen ihn, da bei ihm nichts mehr zu holen war. Ja, jetzt leugneten sie sogar, jemals mit ihm befreundet gewesen zu sein.

Doch das Schicksal ist dem Tüchtigen hold, und bald änderten sich seine Geschicke wieder. Er gewann einen großen Prozeß gegen den Staat, und er erhielt eine so große Entschädigung, daß seine Kassen besser gefüllt waren als vorher.

An einem Feiertage stand der Reiche am Fenster und sah eine Schar seiner alten Freunde näherkommen, die ihn nach langer Zeit besuchen wollten.

„Schnell, stellt die große Geldtruhe auf den Tisch!" rief er seinen Dienern zu.

„Was soll denn das bedeuten?" fragten die Freunde, als sie die Geldtruhe so unübersehbar präsentiert sahen.

„Das hat zu bedeuten", entgegnete der Reiche, „daß ihr nicht zu mir, sondern um mein Geld zu besuchen gekommen seid."

84. Trost

Ein König hatte einen Sohn, den er zärtlich liebte. Eine schwere Krankheit befiel seinen Liebling, und alle Ärzte des Reiches konnten ihn nicht gesund machen. Hilflos mußte der König ansehen, wie sein Sohn starb, und dann überließ er sich seinem grenzenlosen Schmerz. Vergebens bemühten sich seine Vertrauten, ihn zu trösten. Doch völlig teilnahmslos verweilte der König in seinem Gemach und war seit Wochen für niemanden mehr zugänglich.

Weit außerhalb der Residenz lebte ein Einsiedler, der wegen seiner Weisheit im ganzen Land gerühmt wurde und mit dem der König manchen gelehrten Disput ausgetragen hatte. Man ließ ihm den Zustand des Königs berichten und bat ihn um seine Hilfe. Der Weise fand den König in seinem Zimmer, und er tat so, als würde er den Grund des Kummers nicht kennen. So fragte er den König ganz unbefangen nach der Ursache seiner großen Traurigkeit.

„Der Sturm des Schicksals hat die schönste Blume meines Lebens zerstört", seufzte der König, „und nun bleibt mir nichts mehr, als meinen armen Sohn, den ich mehr liebte als mich selbst, bis ans Ende meiner Tage zu beweinen."

„Dein Schmerz ist berechtigt", entgegnete der Weise, „doch wird er es nicht länger sein, wenn er Herr über dich wird, da du ihm keine Grenzen zu setzen weißt. Willst du mir erlauben, dir einige Fragen zu stellen?"

Langsam nickte der König mit dem Kopf, und der Weise fragte ihn: „Kannst du erwarten, mein König, daß dein Sohn so hoch über allen Geschöpfen stehen solle, daß er auf Erden unsterblich wäre?"

„Wie hätte ich das verlangen können", flüsterte der König, „da ich doch weiß, daß der Engel des Todes keinen Sproß der Erde verschont. Aber starb mein Sohn nicht viel zu früh? Er war doch fast noch ein Kind. Ich beweine, daß er die Freuden der Jugend nicht genießen durfte, daß es ihm verwehrt war, zu einem aufrechten Manne zu reifen, daß ihm das Glück der Liebe und der eigenen Familie und auch der Lohn des Alters versagt blieb."

„Stelle dir vor, dein Sohn habe alle vier Stufen des menschlichen Alters durchlebt, und nimm weiter an, daß ihm sogar das höchste Glück zuteil geworden wäre, das Menschen auf Erden sich wünschen können, daß nämlich keine Sorgen und kein Kummer seine heiteren Tage getrübt hätten, und er lebensfroh bis ins höchste Alter dann einen leichten Tod gefunden hätte – ist für ihn, am Ende eines solch glücklichen Lebens in der Stunde seines Todes, das Leben denn mehr als ein vergänglicher Traum, den das Erwachen verscheucht? Begleiten ihn denn sein Ansehen, seine Reichtümer, seine Freuden in die Nacht des Todes?"

„Nein, mein Freund", seufzte der König.

„Wenn du das erkennst, mein König, warum bist du verzweifelt über den Verlust eines Lebens, das kurz oder lang, glücklich oder unglücklich, doch unabänderlich einmal enden muß? Erinnere dich an die Verse des Dichters, der sagt: ‚Verlängere deine Tage, wenn du es vermagst, bis jenseits der Grenzen der Natur; koste den letzten Tropfen des Vergnügens; sei Sieger und laß das ganze Erdenrund widerhallen von deinen Taten: Der Faden des Lebens hängt doch am Faden des Todes!'"

Der König vernahm die Worte wohl, und je länger er über ihre Botschaft nachdachte, je mehr milderte sich sein großer Schmerz.

85. Eine Frage der Ehre

Die feindlichen Heere waren in das Land eingefallen, hatten die Hauptstadt eingenommen und die Familie des Herrschers ausgelöscht. Nur der Thronfolger war dem Massaker entkommen, denn er weilte zur Zeit des Überfalles in einer anderen Stadt.

Er wußte nichts Genaues über das Schicksal seiner Familie. Als er draußen einen ungewöhnlichen Lärm vernahm, trat er ans Fenster und sah mit Entsetzen die feindlichen Soldaten mit ihren schwarzen Fahnen in die Stadt einmarschieren. Um sich zu retten, blieb ihm nichts anderes übrig, als sein Haus sofort zu verlassen und zu versuchen, unerkannt zu entkommen. In aller Eile vertauschte er seine Kleidung mit der Kleidung eines Dieners und rannte mit größter Bestürzung in das prächtige Haus eines Mannes, von dem ihm zu spät einfiel, daß er ein Feind seiner Familie war. Ohne sich zu erkennen zu geben, bat er um einen Unterschlupf, der ihm auch ohne Fragen gewährt wurde.

Der Besitzer des Hauses erkannte den Prinzen in seiner Kleidung nicht. Er nahm den Fremden, von dem er keine weiteren Erklärungen für seine Flucht verlangte, freundlich auf und führte ihn zu einer verborgenen Kammer. Dem Prinzen fehlte es an keiner Bequemlichkeit. Jeden Morgen sah er, wie der Hausherr in Begleitung einiger schwerbewaffneter Männer ausritt. Um dem Hausherrn seine Freundlichkeit zu vergelten, sagte er eines Tages zu ihm, so wie er ihm mit den Worten „Mein Haus ist dein Haus" die Gastfreundschaft angeboten habe, so möchte er ihm versichern, „daß deine Feinde auch meine Feinde sind". Es sei ihm eine Ver-

126

pflichtung, seine Rache auf sich zu nehmen, wenn er ihm nur sagen wolle, wer der Mann sei, den zu suchen er an jedem Tag ausreite.

„Ich suche den Prinzen", sagte der Hausherr. „Ich habe dem Mörder meines Vaters ewige Rache geschworen. Und da nun seine Familie ausgelöscht wurde, hält mich keine Staatsräson davon ab, meine Rache auch auszuführen. Denn der Prinz war nicht unter den Toten im Palast. Ich werde ihm das Böse, das er mir angetan hat, doppelt vergelten."

Voller Bestürzung konnte der Prinz es nicht fassen, daß das Schicksal ihn geradewegs in die Hände des Mannes geführt hatte, der nichts sehnlicher wünschte als seinen Tod. Nachdem er sich vom ersten Schrecken erholt hatte und den fragenden Ausdruck im Gesicht seines Gastgebers bemerkte, gab er sich ihm zu erkennen.

„Ich bin es, den du suchst. Ich bedauere und es tut mir leid, daß ich unter unglücklichen Umständen deinen Vater im Kampf getötet habe. Deiner Rache will ich mich nicht entziehen, denn deine großherzige Gastfreundschaft macht mir die Aufrichtigkeit zur Pflicht."

„Davor bewahre mich der Himmel, daß mich mein Haß auf dich blind mache und ich deine Aufrichtigkeit mißbrauche. Ich weiß, was mir das Gesetz der Rache befiehlt, wenn ich dich außerhalb meines Hauses antreffe. Aber ich habe dennoch nicht vergessen, was die Pflichten der Gastfreundschaft mir gebieten."

Er wandte sich ab, und der Prinz hat ihn nicht wieder gesehen. Durch seine Leute ließ der Hausherr den Prinzen vor die Tore der Stadt bringen. Sie händigten ihm einen Beutel mit Geld aus und gaben ihm ein tüchtiges Pferd, mit dem er sicher entfliehen konnte, erfüllt mit Dankbarkeit, Bewunderung und Scham.

86. Süße Verführung

Der Meister kam in den Laden eines Zuckerbäckers. Der beeilte sich, seinen Gast gleich zu bedienen und stellte eine Schale mit goldgelbem Honig vor ihn hin. Doch bevor der Meister auch nur ein Löffelchen der Köstlichkeit zum Munde geführt hatte, stürzte ein Schwarm Fliegen über die Honigschale her.

Der Zuckerbäcker ergriff gleich den Fliegenwedel, um die lästigen Nascher zu verjagen. Die Fliegen, die sich auf den Rand der Schale gesetzt hatten, flogen behende fort und retteten sich. Doch die meisten Fliegen, die ihre Begierde in die Mitte der Schale gelockt hatte, klebten am Honig und wurden ein Opfer ihrer Gier.

Der Meister beobachtete nachdenklich das Drama und nach einer Weile sagte er seufzend: „Die Schale gleicht der Erde. Die Fliegen sind die Menschen. Die am Rande geblieben sind, gleichen den Weisen, die ihre Lüste beherrschen und sich damit begnügen, sie in den Grenzen der Selbstbeschränkung zu genießen. Die in die Mitte des Honigs geflogen sind, entsprechen den Unbesonnenen, die ihre Leidenschaften nicht beherrschen und ohne nachzudenken ihrem Vergnügen hinterhereilen.

Wenn der Todesengel in raschem Flug unverhofft über die Erde rauscht, werden die Weisen, die nur am Rande des Gefäßes dieses Lebens verweilen, sich mit leichtem Schwung von dieser Erde losreißen und sich zum Himmel emporschwingen können. Die Sklaven des Vergnügens und der Ausschweifung werden tiefer in den Sumpf der Laster hinabsinken und ein Opfer ihrer Gier werden."

87. Zustände

Die Welt wird schlechter mit jedem Tag. Die Zeitungen und die Nachrichten sind voll vom Bösen, das jeden Tag passiert. Das Gute und Positive wird völlig unbedeutend", klagte einer.

„Wer das Rechte will und sich dafür einsetzt, wird gar nicht mehr ernst genommen. Jeder ist sich selbst der Nächste und setzt sich auf Kosten der Schwächeren durch", stimmte ein anderer zu.

„Das Anspruchsdenken wird immer größer. Alle sehen nur ihren Vorteil und schrecken auch vor Gewalt nicht zurück, um ihn sofort zu erlangen. Wenn ich den Zustand der Gesellschaft betrachte, sehe ich nur noch schwarz", bestätigte der Dritte.

„Ach, was redet ihr für dummes Zeug und gefallt euch in eurer Selbstgerechtigkeit und euerem Pessimismus", mischte sich der Meister ein, der das Lamentieren mitangehört hatte.

„Statt euch über die zunehmende Dunkelheit zu beklagen und die Zukunft der Welt nur schwarz in schwarz zu sehen, solltet ihr besser ein Licht anzünden. Denn ihr müßt begreifen: Das Licht geht immer in die Dunkelheit, und niemals geht die Dunkelheit ins Licht. Denn die tiefste Finsternis vermag das schwächste Licht nicht auszulöschen. Doch das kleinste Licht kann die Dunkelheit ein wenig verdrängen. So ist auch das Kleine und Schwache, wenn es gut ist, mächtiger als das Große und Starke, das schlecht ist. Darum ist das geringste Gute, das man tut, wichtiger als alles Jammern über die Macht des Bösen."

88. Abhängig

Ein Vater grämte sich sehr, weil er mitansehen mußte, wie sein Sohn eine Vorliebe für verschiedene Laster entwickelte. Immer wieder hatte er ihm ins Gewissen geredet und ihn um Einsicht gebeten, doch der junge Mann dachte gar nicht daran, auf sein leichtes Leben zu verzichten.

Als der Vater alt geworden war und er sein Ende nahen fühlte, rief er seinen Sohn zu sich und sagte:

„Nun wirst du dir meine ständigen Ermahnungen und Bitten, von deinen Untugenden abzulassen, bald nicht mehr anhören müssen. Du hast immer das Gegenteil von dem getan, das ich für dich wollte. So bitte ich dich inständig, mir meine letzten Wünsche nicht abzuschlagen und dich meiner letzten Worte immer zu erinnern: Versprich mir darum, wenn du wieder um Geld spielen willst, daß du nur gegen die besten Spieler antrittst. Und wenn du trinken willst, sollst du das nur noch in Gesellschaft der größten Trinker tun. Das sind meine beiden letzten Bitten an dich."

Das waren ganz neue Töne, die er von seinem alten Vater zu hören bekam, und wenn er ihm schon aus Trotz nie hatte nachgeben wollen, so stimmte er den ungewöhnlichen Bitten seines Vaters jetzt doch begeistert zu. Als er bald danach Lust auf ein Spielchen verspürte, fragte er in der Stadt herum, wo denn die größten Spieler zu finden seien.

Er ging von Spieltisch zu Spieltisch, und nachdem er alle Spielhäuser der Stadt nach den größten Spielern durchforscht hatte, war er nach Meinung aller Spieler sicher, daß er die wirklich größten Spieler nur vor den Toren der Stadt finden könne.

Als er sie endlich gefunden hatte, war er doch sehr verwundert. Da saßen keine dicken, Zigarre rauchenden Männer an schön geschnitzten Spieltischen und gaben mit brillantberingten Fingern Karten aus, nein, da saßen ein paar zerlumpte Kerle, die mit Kieselsteinen spielten.

„Man hat mir gesagt, daß ihr die größten Spieler seid. Ich hatte erwartet, daß ihr um Millionen spielt und nicht um Kieselsteine. Das habe ich zuletzt als kleines Kind getan."

„Natürlich haben wir um Millionen gespielt", sagten die elenden Männer. „Da wir die größten Spieler sind, haben wir alles gewonnen und alles verloren. Uns ist nichts geblieben, als um ein paar Kieselsteine zu spielen."

Enttäuscht sagte der junge Mann: „Das habe ich mir alles ganz anders vorgestellt. Das ist nichts für mich, so will ich nicht spielen. Dann will ich lieber sehen, daß ich die bedeutendsten Trinker finde."

„Da brauchst du nicht lange suchen. Du findest sie nicht weit von hier in ihrer Hütte", wiesen ihm die Spieler den Weg.

Der junge Mann wollte ihnen nicht glauben. So fragte er in jeder Schenke der Stadt nach den bedeutendsten Trinkern, und nachdem er von Theke zu Theke gezogen war, kam er endlich zu den Trinkern in ihrer heruntergekommenen Behausung. Ziemlich entsetzt über die jämmerlichen Zustände, in der die Hütte samt ihrer Bewohner sich befanden sagte er: „Alle Wirte in der Stadt behaupten, daß hier die größten Trinker hausen. Aber ich rieche keinen Alkohol und sehe keine einzige Flasche. Was trinkt ihr denn, wenn ihr die tollsten Trinker seid?"

„Alles Geld, das wir hatten, haben wir versoffen", antworteten die Trinker. „Und alles, was wir zu Geld machen konnten, haben wir auch vertrunken. Wir haben schon lange keinen Pfennig mehr gesehen. Uns sind nur ein paar Schlangen geblieben. Wenn wir uns berauschen wollen, lassen wir uns von den Schlangen beißen. Ihr mildes Gift bewirkt eine gewisse Trunkenheit. Für ein bißchen Geld, besorgen wir dir eine Schlange. Du brauchst es nur zu sagen."

Aber der junge Mann war längst fortgelaufen. Da ihm Worte nichts nutzten, hatte ihn das Leben belehrt.

89. Dankbarkeit

Der Herrscher ließ zehn der anmutigsten Sklaven auswählen und zu sich bringen. Einen von ihnen wollte er als seinen persönlichen Diener auswählen. Der König war aus Erfahrung klug und wußte, daß der bloße Augenschein und seine Menschenkenntnis nicht ausreichten, um einem Sklaven sein leibliches Wohl anzuvertrauen. Darum wollte er sie prüfen. Er gab jedem Sklaven ein kostbares Weinglas in die Hand und befahl ihnen, es fallenzulassen. Sie alle gehorchten seinem Befehl. Dann ging der König zu jedem einzelnen und fragte: „Warum hast du das getan?"

Neun Sklaven antworteten: „Weil du den Befehl dazu gegeben hast!" Zwar waren sie alle über den Befehl ebenso wie über die Frage verwundert, aber einen anderen Grund als den königlichen Befehl gab es ja nicht.

Als der König den zehnten und letzten Sklaven nach seinem Grund fragte, antwortete dieser: „Verzeiht, Herr, es tut mir leid." Ihm war klar, daß der König wußte, daß sie alle seinen Befehl befolgt hatten, da würde er ihm nichts Neues mitteilen. Und da er wirklich bedauerte, das schöne Glas zerstört zu haben, gab er seinem Empfinden Ausdruck.

Der König war von der Feinfühligkeit des Sklaven sehr angetan und fragte ihn nach seinem Namen.

„Man nennt mich Ayaz."

„Gut, Ayaz, von heute an sollst du mein persönlicher Diener sein", sagte der Herrscher.

Von Tag zu Tag freute sich der König mehr über seine Wahl, und es dauerte nicht lange, da war sein Vertrauen in Ayaz so gewachsen, daß er ihm die Schlüssel zur Schatzkam mer übergab und ihm die oberste Aufsicht über die Kronjuwelen anvertraute.

Der rasche Aufstieg vom Sklaven zum Schatzmeister machte zahlreiche Minister und Höflinge neidisch, und sie mißgönnten ihm seine Karriere sehr. So blieb es nicht aus, daß bald allerlei Gerüchte über Ayaz im Umlauf waren, die ihm die Gunst des Herrschers entziehen sollten. Besonders bösartig war die Behauptung, daß Ayaz jeden Tag in die Schatzkammer ginge, um nach und nach die Juwelen von dort zu stehlen. Diese dreiste Beschuldigung hinterbrachte man dem König und verlangte, daß er Ayaz für diesen Frevel töten solle. Doch der König stellte sich vor seinen Schützling und sagte: „Solange mir niemand einen Beweis für diese Unterstellung bringen kann, glaube ich kein einziges Wort. Wer es aber nicht beweisen kann, der schweige still."

Der Zweite Minister, der Anführer der Verschwörung, behauptete, den unwiderlegbaren Beweis für seine Beschuldigung liefern zu können. „Jeder, der mir nicht glauben mag, kann sich von den Tatsachen selbst überzeugen. Wenn Ayaz die Schatzkammer betritt, brauchen wir ihn nur durch dieses geheime Guckloch zu beobachten, und dann kann der Herrscher mit eigenen Augen feststellen, wie sein Günstling ihm seine Großherzigkeit lohnt."

Der Herrscher konnte sich diesem Vorschlag nicht entziehen, und so versammelten sich der König und die Verleumder am nächsten Tag zur besagten Stunde bei dem geheimen Guckloch. Wie gewohnt betrat Ayaz die Schatzkammer und öffnete die goldenen Tore des inneren Schreins, in dem die Kronjuwelen bewahrt wurden. Ayaz griff hinein, und die Beobachter hielten den Atem an. Doch trauten sie ihren Augen nicht, als Ayaz ein Bündel alter Sklavenkleider in der Hand hielt.

Noch größer wurde ihre Verwunderung über das, was sie nun mitansehen konnten. Ayaz drückte sein Gesicht in die alten Kleider, legte sie auf den Tisch, auf welchem in goldenen Schalen duftender Weihrauch brannte. Bedächtig, wie in einer heiligen Handlung, zog Ayaz seine Sklavenkleider an. Dann trat er vor einen kristallenen Spiegel, betrachtete sich darin, legte die Hände wie zum Gebet aneinander, neigte leicht den Kopf und sprach zu der Spiegelgestalt: „Höre und sieh, o Ayaz, wer du früher gewesen bist. Das Vertrauen des Königs in deine Person hat dich zu dem gemacht, der du heute bist. Betrachte darum deine Aufgabe nicht nur als eine heilige Pflicht, sondern auch als einen Dank und eine Gegengabe für die Beweise der Liebe und Güte des Königs. Denn vergiß nie, daß du nicht dem hohen Ansehen deine Stellung verdankst, denn du warst ein Gefangener, als dich die Großherzigkeit des Königs in diesen Rang erhob und dir neue Würde verlieh. Die Erinnerung an deine Gefangenschaft verleiht dir die Kraft, seine Güte nicht zu vergessen und dir das Glück deines Lebens nicht selbst anzumaßen."

Nach diesen Worten zog Ayaz die Sklavenkleider wieder aus, legte sie in den Schrein und verschloß ihn sorgfältig. Dann verließ er auch die Schatzkammer, und als er sich umdrehte sah er den König, der sich vor ihm verneigte.

Der König umarmte Ayaz, und tief bewegt sagte er: „Ein Verbrecher zu sein, der die Schätze des Reiches stiehlt, haben dich diese hier beschuldigt. Doch statt daß du unsere Edelsteine genommen hast, hast du uns etwas viel Wertvolleres gegeben: daß wir niemals vergessen sollen, aus welcher Ohnmacht uns der wahre Herrscher erhoben hat und uns ins Leben führte, in sein Licht und in seine Freude.

Dennoch wage ich, dich Ayaz, einen Dieb zu nennen, denn heute hast du mir mein Herz gestohlen."

90. Fürsorge

Es war einmal ein blinder Bettler. Der saß an einer belebten Straßenkreuzung und spielte Flöte. Wer ihn sah, den rührte die Melodie und das Schicksal des Blinden, und aus Mitleid gab er ihm ein Almosen. Da der Bettler aber sparsam lebte, konnte er seine Kinder ernähren und kam mit den Jahren dennoch zu einem beträchtlichen Vermögen.

Als der Bettler alt geworden war und seine letzte Stunde nahen fühlte, versammelte er seine Kinder um sich. Sie waren alle gesund und wohlgeraten, nur ein Sohn war blind geboren. Der alte Mann verteilte sein erbetteltes Vermögen unter seine Kinder, nur der blinde Sohn ging leer aus.

„Warum hast du dem Blinden keinen Anteil gegeben? Er ist doch viel bedürftiger als alle anderen deiner Kinder", fragte man den Alten.

„Der Blinde ist kein verlorener Mann", sagte der Bettler. „Er kann schöner auf der Flöte spielen als ich es je konnte. Er wird meinen Beruf ausüben, und die Leute werden sich seiner erbarmen. Mit der Zeit wird er es zu ausreichendem Wohlstand bringen. Anders die gesunden Kinder: Wer wird sich ihrer annehmen?"

91. Wachsein

Ein Schüler, der schon seit Jahren studierte und die geistigen Übungen einhielt, sagte zum Meister, daß er seine Zweifel habe, jemals zur Erleuchtung zu gelangen.

„Mit der Erleuchtung ist es wie mit dem Sonnenaufgang", sagte der Meister. „Du sitzt in finsterer Nacht und kannst nichts anderes tun, als zu warten, daß die Sonne aufgeht. Dem einen scheint die Nacht kürzer, dem anderen länger zu sein. Doch die Sonne kommt bestimmt."

„Wozu sollen dann all die Studien und Übungen gut sein, wenn die Sonne doch auf jeden Fall aufgeht?" fragte der irritierte Schüler.

„Die sind dir nur empfohlen, daß du vorbereitet bist und nicht gerade schläfst, wenn für dich die Sonne aufgeht."

92. Urteil

Zwei Schüler gerieten in Streit und konnten sich nicht einigen. Ein Freund riet ihnen, ihre Sache dem Meister vorzutragen und sich seinem Urteil zu beugen.

Vor dem Meister erklärte der eine Schüler seinen Standpunkt, begründet seine Meinung und bat um eine Entscheidung zu seinen Gunsten.

„Du hast recht", sagt der Meister.

Aber auch der andere Schüler war nicht auf den Mund gefallen und erklärt seine Ansicht ebenso klar und unmißverständlich und begründete, daß die Entscheidung des Meisters zu seinen Gunsten ausfallen müsse.

„Du hast recht", urteilte der Meister.

Da meldete sich der Freund der beiden Kontrahenten, die sich ganz verwirrt anschauten, lautstark zu Wort und rief: „Aber das ist doch unmöglich: Wenn der eine recht hat, kann doch der andere nicht auch recht haben."

„Da hast auch du recht", sagte der Meister.

93. Äußerlich

Der Meister trug ein einfaches und immer blütenreines Gewand. Doch es war im Laufe der Zeit vom vielen Waschen doch recht fadenscheinig geworden. Einmal war der Meister zu einer großen Feierlichkeit eingeladen, zu der die Würdenträger in edelsten Garderoben erschienen.

Ein Freund sprach ihn auf den Zustand seiner Kleidung an und meinte: „Ich weiß zwar, daß du auf die Meinung der Welt wenig Wert legst, aber die Welt, in der auch du lebst, ist nun einmal so, daß sie Äußerlichkeiten, wie zum Beispiel Kleidung, hoch bewertet und den Menschen danach einschätzt, was er trägt."

Darauf sagte der Meister lächelnd: „Mein Freund, ich will die Achtung, die ich mir erwerbe, nicht meinem Schneider verdanken."

94. Überwinden

Zum Meister kam ein unentschlossener junger Mann. Er war sich nicht im klaren darüber, ob er der Welt entsagen sollte, um Erleuchtung zu finden, oder ob er in seinem Lebensumfeld verharren sollte, obwohl er eigentlich gerne sein Schüler werden wollte.

„Wenn du Erleuchtung erlangen willst, dann mache ein Strich unter dein bisheriges Leben", verlangte der Meister.

„Das kann ich nicht", sagte der junge Mann. „Ich will es Schritt für Schritt tun."

„Zwischen deinem Leben, so wie du es bisher gelebt hast, indem du deinen Neigungen gefolgt bist und deine leiblichen Bedürfnisse bedient hast, und dem geistigen Leben, das dir Erleuchtung schenken wird, liegt eine tiefe Schlucht. Und keine Brücke führt zur anderen Seite. Man kann einen Abgrund nicht mit kleinen Hüpfern überwinden, sondern nur mit einem einzigen Sprung."

95. Entlastet

Über schwankende Planken trugen Männer vor Anstrengung keuchend schwere Getreidesäcke an Land, um das Boot zu entladen. Erbarmungslos brannte die Sonne herab.

Einem der Arbeiter war der Traggurt gerissen, und statt ihn zu flicken, saß er müßig im Schatten. Der Aufseher kam zu ihm und herrschte ihn an: „Los, auf die Beine mit dir. Was sitzt du da so faul herum? Ich werde dir deinen Lohn kürzen!"

„Mag sein", sagte der Arbeiter, „daß ich ein paar Mark verlieren werde, aber dafür ist mir eine Zentnerlast von Rücken gefallen."

96. Therapie

Als Angela im Krankenhaus lag, weil ihr der Blinddarm entfernt werden mußte, wurde zwei Tage später eine junge Patientin zu ihr ins Zimmer gelegt, der bei einem schweren Verkehrsunfall beide Beine gebrochen worden waren. Melanie war überzeugt davon, daß sie nie wieder würde laufen können.

Melanie war unglücklich, unwillig und launisch. Kaum ein freundliches Wort war von ihr zu hören. Sie weinte oder schlief den ganzen Tag. Nur morgens, wenn die Post kam, schien sie ihrer Umwelt etwas freundlicher gesonnen zu sein. Meistens bekam sie Bücher und CDs, Spiele und Stofftiere und andere Geschenke, die ein junges Mädchen im Alter von zwölf Jahren aufheitern können. Doch Melanie war und blieb unglücklich.

Eines Tages erhielt sie ein größeres Päckchen von ihrer Tante, die weit entfernt wohnte. Als Melanie das Paket geöffnet hatte, fand sie ein wunderschönes Paar roter Schuhe mit kleinen Absätzen. Die Krankenschwester murmelte etwas von „Leute, die überhaupt kein Feingefühl hätten" und räumte die Verpackungen weg. Doch Melanie schien sie nicht gehört zu haben. Sie steckte die Hände in die Schuhe und ging mit ihnen auf der Bettdecke spazieren.

An diesem Tage änderte sie ihr Verhalten. Sie nahm die Anweisungen der Krankenschwestern bereitwillig an, und bald schon konnte die Therapie intensiviert werden.

Eines Tages sah Angela ihre ehemalige Zimmernachbarin, wie sie lachend mit einer Freundin in die Eisdiele ging; an den Füßen trug sie rote Schuhe mit kleinen Absätzen.

97. Das Floß

Gautama Buddha erzählte das Gleichnis von dem Mann, der den Gefahren und Schrecken seines Landes entrinnen wollte und der auf seiner Flucht plötzlich an das Ufer eines mächtigen Flusses gelangte. Er wußte, daß am jenseitigen Ufer das Land des Friedens und der Freude begann. Es war das Ziel seiner Sehnsucht, dorthin zu gelangen. Doch keine Brücke führte auf die andere Seite, und kein Fährmann war da, um ihn hinüberzurudern.

So kam der Mann auf den Gedanken, sich aus jungen Baumstämmen und Schilfgras ein Floß zu bauen, um so das ferne Ufer zu erreichen. Nach einigen Mühen hatte er ein brauchbares Floß gefertigt, und mit den Händen rudernd, gelangte er endlich ans andere Ufer.

Dort angekommen überlegte er, was er nun mit dem Floß anfangen sollte, das er in so mühevoller Arbeit gebaut hatte und das ihm so überaus nützlich gewesen war.

Sollte er sich das Floß auf den Rücken binden, damit er es immer zur Verfügung hätte, ganz gleich wohin er ginge?

Wäre dies die Entscheidung, die von dem Mann erwartet werden würde?

Oder sollte er nicht vielmehr denken: Dieses Floß ist mir sehr nützlich gewesen, um dem Land der Schrecken und Gefahren zu entkommen und um den großen Fluß zu überqueren. Jetzt aber bin ich glücklich im Land meiner Sehnsucht angelangt. Dafür bin ich dem Floß dankbar. Jetzt kann ich es entweder ans Ufer legen oder ich kann es im Wasser lassen, und der Fluß wird es irgendwohin tragen, während ich unbeschwert meinen Weg gehen werde.

Wenn der Mann so handeln würde, hätte er doch recht entschieden.

Und wie das Floß, ihr Mönche, sollt ihr auch die Lehre ansehen: Geeignet zum Überqueren, jedoch nicht, um sich daran festzuklammern. Loslassen sollt ihr selbst die wahre Lehre, wie viel mehr dann die falsche.

98. Beurteilung

Ein kleiner Hund war von einem Auto angefahren worden und lag wie tot am Straßenrand. Ein Arzt fuhr in seinem Wagen vorbei und bemerkte, daß der Hund noch Lebenszeichen von sich gab. Er stieg aus, holte die alte Autodecke aus dem Kofferraum, hüllte den Hund hinein und fuhr mit ihm nach Hause.

Dort untersuchte er den kleinen Hund sorgfältig, konnte jedoch außer Prellungen und einigen Abschürfungen sowie einer kleinen Schnittwunde keine schwerwiegenden Verletzungen feststellen. Ganz sicher hatte der Aufprall den Hund tief betäubt. Es gelang dem Arzt, den vierbeinigen Patienten wiederzubeleben. Dann reinigte er ihm die Wunden, legte ihn wieder auf die Decke und trug ihn nach draußen zur Garage.

Plötzlich sprang ihm der Hund vom Arm und verschwand humpelnd um die Ecke. Verwundert sah der Arzt ihm nach und sagte zu sich: „Was für ein undankbarer kleiner Kerl – nach allem, was ich für ihn getan habe!"

Er hatte nicht mehr an das Ereignis gedacht, bis er am nächsten Abend ein kratzendes Geräusch an der Terrassentür vernahm. Er konnte sich nicht erklären, woher es wohl käme. Als er die Türe öffnete stand dort der kleine Hund, den er behandelt hatte – in Begleitung eines verletzten Hundes.

99. Wechselfälle

*B*ei einer Schlacht wurde der König von seinen Feinden überwältigt und in das Lager der Sieger gebracht. Die Soldaten bewachten den König äußerst sorgfältig. Dieser war von den Strapazen des Kampfes und vom großen Hunger völlig ermattet. Mit müder Stimme bat er seine Wache, ihm doch etwas zu essen zu besorgen, da er den ganzen Tag noch nichts zu sich genommen habe. Der Soldat brachte ihm ein Stück Fleisch, das der König sich über dem Feuer garen konnte, das in der Mitte der Gefangenen angezündet worden war. Das Fleisch steckte auf einem Grillspieß, den der König an einen das Feuer begrenzenden Stein lehnte. Kaum zischten die ersten Fetttropfen ins Feuer, da schlich ein Hund herbei, der sich des Fleisches bemächtigte und wie der Blitz mit seiner Beute davoneilte.

Der hungrige König wollte den Räuber verfolgen, um ihm das Fleisch wieder abzujagen, doch da ihn Schwäche und die Fußfesseln daran hinderten, fing er mit einem Mal laut zu lachen an. Der Wächter hatte Mitleid mit dem König und seiner unglücklichen Situation. Er holte ein neues Stück Fleisch und fragte seinen Gefangenen, was ihn denn in seiner traurigen Lage noch zum Lachen bringe.

„Ich lache über die Wechselfälle im Leben, die das Schicksal uns bereitet", erklärte der König. „Heute morgen, als ich mein Heer in Schlachtordnung aufstellte, bemerkte ich bei meinem Troß hundert Wagen, und mein Oberküchenmeister versicherte mir, daß sie kaum ausreichten, meine Feldküche unterzubringen. Und jetzt trägt sie ein einziger kleiner Hund in seiner Schnauze fort."

100. Tag für Tag

Der Meister hatte seine Schüler um sich versammelt und gab ihnen eine Aufgabe: „Ihr kennt alle die vergangenen hundert Tage. Jetzt sagt mir etwas über die kommenden hundert Tage."

Weil sich jedoch kein Schüler meldete, gab der Meister gleich selber die Antwort: „Tag für Tag. Das ist der gute Tag."

V. Das Leben wagen

101. Zusammenhalt

Die Eltern waren es leid, daß sich ihre sieben Kinder dauernd stritten. Eines Tages rief der Vater die Kinder ins Wohnzimmer. Auf den Tisch legte er sieben gleichdicke Stöcke, die mit einer Schnur zu einem Bündel zusammengebunden waren.

„Ich bin bereit, demjenigen von euch hundert Mark zu geben, der es schafft, diese Stöcke zu zerbrechen", forderte er seine Kinder auf.

Jedes seiner Kinder bemühte sich, doch schließlich mußten sie einsehen, daß es ihnen trotz aller Anstrengung nicht möglich war, das Bündel zu zerbrechen.

„Nun, ihr habt euch bemüht und erkannt, daß ihr diese Stöcke nicht zerbrechen könnt", sagte der Vater. „Und doch ist nichts leichter als das." Er öffnete die Schnur, nahm einen Stock in die Hände und zerbrach ihn. Und auch die anderen Stöcke zerbrach er, einen nach dem anderen, ohne die geringste Anstrengung.

Die Kinder protestierten und meinten, das sei ein ganz lausiger Trick. Doch sie wurden still und nachdenklich, als der Vater ihnen sagte: „So wie es diesen Stöcken erging, wird es euch ergehen. Denn ihr seid wie diese Stöcke. Solange ihr zusammenhaltet, seid ihr stark wie dieses Bündel, und niemand kann euch in Gefahr bringen. Doch wenn ihr streitet und untereinander uneins seid, wenn ihr auseinander geht und nichts mehr voneinander wissen wollt, dann kann es jedem von euch ergehen wie diesen Stöcken, die jetzt zerbrochen vor euch auf dem Tisch liegen."

102. Tore

Ein General kam zum Meister und fragte ihn: „Sage mir, was du über Himmel und Hölle weißt. Gibt es sie wirklich?"

Der Meister sah den General in seiner Uniform verächtlich an: „Was versteht denn so einer wie du schon von solchen Fragen? Hast du denn schon einmal ein Buch gelesen, das sich mit solchen Themen beschäftigt, oder kannst du nur Befehle brüllen?"

Die Zornesröte stieg dem General ins Gesicht. Ihn derart zu beleidigen hatte noch niemand gewagt. Er riß seine Waffe hoch und drang auf den Meister ein.

„Jetzt öffnen sich die Tore der Hölle", sagte ganz gelassen der Meister.

Verwundert steckte der General die Waffe zurück.

„Und jetzt öffnen sich die Tore des Himmels", sagte der Meister.

103. Zuviel gewollt

Einst hatte ein mächtiger König beschlossen, ein kleines Land zu überfallen, dem eigentlich keine große Bedeutung beizumessen war, selbst dann nicht, wenn er es als neue Provinz seinem Reich angliedern konnte.

Kurz vor der Landesgrenze ließ der König sein Heer in einem Wald lagern, damit man ausgeruht in den Kampf ziehen konnte. In Begleitung eines seiner Minister ging der König unter den Bäumen spazieren. Er amüsierte sich über ein Äffchen, das sich von einem Ast herunterhangelte und einem Soldaten ein paar Bohnen aus der Pfanne stahl, als er sie eben garen wollte. Mit einer Handvoll geraubter Bohnen schwang sich das Äffchen zurück in die Sicherheit. Zufrieden mit seiner Beute fing es an zu essen, doch da fiel ihm eine Bohne aus der Hand. Sofort kletterte das Äffchen nach unten, um die verlorene Bohne zurückzuholen. Doch viel zu aufgeregt durch die Anwesenheit der Soldaten verlor es alle Bohnen, als es die heruntergefallene aufheben wollte.

Über dieses kleine Mißgeschick mußte der König lachen.

„Du siehst, mein König", sagte der Minister, „wie leicht es passieren kann, daß man für so wenig so viel verlieren kann."

Nach kurzem Nachdenken gab der König den Befehl zum Rückzug und ließ das kleine Land unbehelligt.

104. Kultur

*Z*wei chinesische Lastenträger waren an einer Straßenecke zusammengestoßen. Ein heftiger Streit war entfacht. Passanten blieben stehen und sahen sich das Schauspiel der zwei Streithähne an. Argumente und Beschuldigungen flogen hin und her.

Unter den Neugierigen war auch ein Tourist, der sich die folkloristische Darbietung nicht entgehen lassen wollte. Weil die Schuldzuweisungen immer heftiger wurden, wandte er sich an seinen einheimischen Führer und fragte, ob die beiden Kontrahenten nicht gleich mit den Fäusten aufeinander losgehen werden.

„Das glaube ich nicht", entgegnete der Chinese, „denn derjenige, der den ersten Schlag tut, würde zugleich auch sein Gesicht verlieren. Denn er gibt durch seinen Angriff zu, daß er der Dümmere ist, weil ihm die Argumente ausgegangen sind."

105. Verstanden

Zu einem jungen König kam einmal ein Schriftgelehrter und sagte: „Mein König, seit Jahren habe ich die heiligen Schriften studiert. Gerne würde ich Euch mein Wissen weitergeben und Euch in den heiligen Büchern unterweisen."

Nun verstand der König von den heiligen Schriften immerhin so viel, daß er wußte, daß jemand, der sie recht verstanden hat, eher nach vollkommener Erleuchtung streben würde, als an einem Königshofe Anerkennung und Reichtum zu erwerben. Darum antwortete er dem Gelehrten: „Ich habe den Eindruck gewonnen, daß Ihr es in der Erkenntnis der Lehre noch nicht zur Meisterschaft gebracht habt. Ich verspreche, daß Ihr mich unterweisen sollt, doch empfehle ich Euch ein weiteres intensives Studium der Schriften."

Der Schriftgelehrte empfand diese Zurückweisung durch den jungen König zwar als sehr überheblich, doch fühlte er sich auch in seinem Ehrgeiz geweckt, und er studierte die Bücher noch einmal sehr gründlich. Nach einem Jahr ging er wieder zum König, doch der wies ihn mit der gleichen Begründung ab wie schon ein Jahr zuvor.

Tief gekränkt haderte der Gelehrte lange Zeit mit sich und der Zurückweisung durch den König. Doch dann sagte er sich, daß die Antwort auf seine Zweifel nur in den Büchern zu finden sei. Aufs neue versenkte er sich tiefer denn je in die heiligen Schriften.

Allmählich begann sich sein Geist zu klären und die Bilder, die er sich von seiner Zukunft als berühmter Gelehrter und von einem Leben in Anerkennung und Wohlstand gemacht hatte, verschwanden aus seinen ehrgeizigen Visionen. Statt dessen leuchtete die innere Wahrheit der Lehre in seinem Herzen auf, und es lag ihm nun nichts mehr daran, den Beifall der Welt zu suchen.

Einige Jahre später kam der König in die Heimatstadt des Gelehrten, und er suchte ihn auf, da er nie wieder von ihm gehört hatte. Als er ihm jetzt gegenübertrat und das Licht der Weisheit und Güte in seinen Augen sah, beugte er sich ehrfürchtig vor ihm nieder und sagte: „Jetzt bin ich wirklich bereit, Euer Schüler zu werden, wenn Ihr mich noch als solchen annehmen wollt. Denn jetzt habt Ihr die wahre Bedeutung der Schriften erkannt."

106. Bekehrung

Des Nachts saß der Meister in tiefer Meditation versunken. Da schlich ein Dieb zu ihm herein, störte ihn unsanft und verlangte sein Geld oder sein Leben. Der Meister deutete auf ein Kästchen und sagte: „Darin liegt all mein Geld."

Dann wandte er sich wieder seiner Meditation zu. Doch während der Dieb sich noch an dem Geldkästchen zu schaffen machte, unterbrach der Meister seine Meditation und sagte: „Laß mir noch etwas Geld zurück, damit ich morgen mein Essen bezahlen kann."

Der Dieb nahm fast alles Geld an sich, und als er verschwinden wollte, rief der Meister ihm hinterher: „Es ist üblich, sich zu bedanken, wenn man ein Geschenk erhalten hat!"

Der Dieb bedankte sich und eilte davon. Einige Zeit später wurde er jedoch verhaftet. Man verhörte ihn, und er gestand, den Meister überfallen zu haben. Zur Gerichtsverhandlung wurde auch der Meister in den Zeugenstand gerufen: „Bei mir hat der Mann nichts gestohlen. Ich gab ihm Geld, und er bedankte sich dafür."

Als der Dieb seine Gefängnisstrafe abgebüßt hatte, bat er den Meister, ihn als seinen Schüler anzunehmen.

107. Was fehlt

Nicht sehr weit voneinander entfernt lagen zwei Klöster, eingebettet in einer schönen Landschaft. Das große Kloster war sehr reich, das kleine Kloster war sehr arm.

Eines Tages besuchte ein Mönch des armen Klosters seinen Bekannten im reichen Kloster und sagte: „Noch in diesem Frühjahr werde ich meine Pilgerreise zu dem weit entfernten Heiligtum an der nördlichen Grenze unserer Heimat antreten. Willst du mich nicht begleiten, denn ich hörte dich häufig davon sprechen, daß auch du den Wunsch verspürst, einmal an diesem heiligen Ort zu weilen."

„Ich würde dich ja sehr gerne auf der Pilgerfahrt begleiten, aber ich habe meine Vorbereitungen noch nicht abgeschlossen. Es fehlt mir immer noch dies und das", antwortete der Mönch des reichen Klosters.

„Was brauchst du denn mehr als festes Schuhwerk, einen wetterfesten Mantel, der dir auch als Decke dient, und deine Schale für den Reis, den du unterwegs erbittest?" fragte verwundert der Mönch des armen Klosters.

„Ich glaube, du stellst dir eine solche Reise, die monatelang dauert, viel zu einfach vor. Ich bereite mich schließlich schon seit Jahren auf diese strapaziöse Reise vor. Wie willst du den vielen möglichen Beschwernissen und Gefahren begegnen, wenn du nicht genügend vorbereitet und ausgerüstet bist?" erwiderte der reiche Mönch.

„Nun, ich werde in zwei Wochen aufbrechen, ob du nun mitkommst oder nicht", antwortete der arme Mönch.

Nach anderthalb Jahren kehrte der arme Mönch von seiner Pilgerreise zurück. Voller Begeisterung erzählte er dem reichen Mönch von seinen wundervollen Erlebnissen und seinen bereichernden Erfahrungen.

Etwas verlegen hörte der reiche Mönch den Schilderungen zu und sagte: „Durch deine Erzählungen weiß ich, daß mir noch dieses und jenes fehlt, bevor ich mich selbst auf die Pilgerreise begeben kann."

„Ich weiß, was dir vor allem fehlt", sagte der arme Mönch. „Und bevor du das nicht gefunden hast, wirst du nicht aufbrechen."

108. Federlesen

Vor langer Zeit lebte eine Frau im Dorf, die einfach ihren Mund nicht halten konnte. Sie klatschte und tratschte über alles und jeden. Eines Tages hatte sie mit ihrem Geschwätz eine andere Frau in große Schwierigkeiten gebracht. Das tat ihr nun leid, sie bereute, daß sie ihren Mund mal wieder nicht hatte halten können. Sie beichtete ihre Sünde und fragte, welche Buße ihr auferlegt werde.

„Gehe morgen auf den Markt und kaufe zwei Hühner", sagte der Pfarrer. „Und damit du auf dem Weg vom Markt nach Hause etwas zu tun hast, rupfst du unterwegs die zwei Hühner. Dann kommst du wieder zu mir und informierst mich."

Die Frau befolgte die Anweisungen, ging durch das Dorf zum Markt, kaufte dort zwei Hühner und rupfte ihnen die Federn aus, während sie nach Hause ging. Anschließend ging sie zum Pfarrer und berichtete, sie habe alles so getan, wie er es ihr auferlegt habe.

„Gut so", sagte der Pfarrer. „Nun bleibt zu deiner vollständigen Buße nur noch eines zu tun: Gehe durchs Dorf und sammle alle von dir verstreuten Federn wieder auf."

109. Brüderlich geteilt

*E*in alter Beduine fühlte sein Ende nahen und rief darum seine drei Söhne zu sich.

„Allah sei mit euch", grüßte er sie. „Meine Tage auf dieser Welt sind gezählt. Hört darum, wie ich beschlossen habe, meinen Besitz unter euch zu verteilen: Meinem ältesten Sohn gebe ich die Hälfte meiner Kamele, meinem zweiten Sohn gebe ich ein Drittel meiner Kamelherde und mein Jüngster erhält ein Neuntel aller Kamele. Ihr seid mir immer gute Söhne gewesen und darum schwört, daß ihr auch diesen meinen letzten Wunsch getreu befolgen werdet, damit ich in Frieden entschlafen kann."

Bald darauf starb der Vater. Die Söhne zählten die Kamele seiner Herde und stellten fest, daß es siebzehn Tiere waren. Aber als sie sich ans Verteilen machten, standen sie vor einem Rätsel, denn sie fanden keine Lösung, wie sie die Herde nach den Wünschen ihres Vaters aufteilen sollten. Sie wälzten das Problem hin und her, doch sie sahen keinen Ausweg. Auch konnten sie sich nicht dazu entschließen, ein Tier zu töten und das Fleisch unter sich zu verteilen.

In ihrer Ratlosigkeit kamen sie überein, Rat bei einem alten Freund ihres Vaters zu suchen. Sie erzählten ihm ihr Problem und er sagte: „Euer Vater und ich waren unzertrennliche Freunde. Ich bin fast so alt wie er. Allah weiß, wie lange ich noch zu leben habe. Darum gebe ich euch im Andenken an euren Vater das einzige Kamel, das ich habe."

Dankbar nahmen die Brüder das Kamel mit und nun stellte sich heraus, daß die Aufteilung der Herde nach dem letzten Wunsch ihres Vaters ganz einfach geworden war. Der

Älteste erhielt die Hälfte – also neun Kamele; der Zweite bekam ein Drittel – also sechs Kamele; der Jüngste erhielt ein Neuntel – also zwei Kamele.

Und es erschien ihnen wie ein Wunder, daß, nachdem ein jeder seinen vereinbarten Anteil erhalten hatte, noch ein Kamel übrig war. Aus Dankbarkeit über die Großherzigkeit des alten Freundes ihres Vaters brachten sie ihm sein Kamel zurück.

110. Ein dicker Fisch

*E*in Geschäftsmann litt seit einiger Zeit an verschiedenen Beschwerden, doch konnte keine Medizin seine Unpäßlichkeit lindern. Sein Hausarzt überwies ihn zu einem Facharzt für psychosomatische Erkrankungen. Nach einer gründlichen Untersuchung erzählte der Arzt folgende Geschichte:

„Eine Möwe hatte einen prächtigen Fisch gefangen, und sofort stürzte sich mit lautem Geschrei der ganze Möwenschwarm auf sie. Die Möwen hackten auf sie ein, verletzten sie an verschiedenen Stellen und versuchten mit aller Gewalt, ihr den dicken Fisch wegzuschnappen. Sie ließen nicht von ihr ab, ganz gleich wohin sie sich wendete. Und noch immer kamen andere Möwen hinzu, bis schließlich die Übermacht der Widersacher zu groß wurde. Da ließ die Möwe den Fisch fallen.

Sofort fing ihn eine andere Möwe auf, und alle Peiniger ließen von der ersten Möwe ab und stürzten sich auf die Möwe mit dem Fisch.

Die erste Möwe, nun endlich wieder unbehelligt, ruhte sich auf dem Ast eines Baumes friedlich aus.

Ein Fischer, der das Geschehen beobachtet hatte, dachte bei sich: ‚Man muß loslassen können, wenn man in Ruhe und in Frieden leben will.'"

111. Unsterblich

Ein König hatte eine übermäßige Angst vor dem Tod. Ständig war er darauf gefaßt, plötzlich sterben zu müssen. Als ihm dann zugetragen wurde, daß es einigen Ärzten und Magiern gelungen sei, einen lebensverlängernden Trank herzustellen, ließ er sie sogleich an seinen Hof rufen, damit er den Unsterblichkeitstrunk immer zur Hand habe.

Einen seiner Minister betrübte es sehr, seinen König in einem solchen Wahn gefangen zu sehen, zumal die Ärzte und Magier einen immer stärker werdenden Einfluß auf ihn ausübten. Darum wartete er eine Gelegenheit ab, daß seinem König wieder einmal der geheimnisvolle Unsterblichkeitstrunk gereicht werden sollte. Blitzschnell ergriff er den kostbaren Becher und trank ihn leer.

Wütend ließ der König ihn ergreifen und gab den Befehl, den Minister für diesen Frevel hinrichten zu lassen. Doch der blieb ganz gelassen und sagte ruhig zum König: „Dieser Befehl, mein König, ist vollkommen zwecklos. Denn soeben bin ich durch den Trank unsterblich geworden. Sollte ich aber trotzdem sterben, so seid Ihr mir großen Dank schuldig dafür, daß ich Euch von einer Bande von Schwindlern befreit habe."

Die kluge Antwort rettete ihm das Leben und brachte den König zur Besinnung.

112. Berge versetzen

In einem Talkessel, der nur zum Meer hin offen war, lebte abgeschieden vom Hinterland eine kleine Dorfgemeinschaft. Seit Generationen ernährten sich die Menschen dort von dem, was das Meer ihnen gab und von den Erträgen ihrer kargen Felder. Mit den Jahren war die Einwohnerzahl gewachsen. Immer öfter mangelte es an Platz und Nahrungsmitteln. Den Wagemutigsten unter ihnen blieb nur der Weg ins Ungewisse: mit dem Fischerboot hinaus aufs Meer zu fahren und auf ein günstiges Schicksal zu hoffen – oder der Weg über die Berge, in der Hoffnung, auf andere Bewohner des Landes zu treffen.

Der Ältestenrat beschloß, daß einige beherzte junge Männer einen Weg über das Gebirge suchen sollten. Erst nach drei Monaten kehrten zwei der vier Männer von der Expedition ins Dorf zurück. Ein Mann sei gleich zu Beginn ihres Unternehmens in eine tiefe Schlucht gestürzt. Der andere sei in der Stadt geblieben, die nur fünf Tagereisen entfernt liege. Die Männer waren wochenlang durch die Landschaft gestreift, wollten voller Verzweiflung längst wieder umkehren, als sie endlich auf einen Ziegenhirten getroffen waren, der ihnen den Weg zur Stadt weisen konnte. Dieser Weg sei auch gar nicht so anstrengend, wie sie auf ihrem Rückweg feststellten. Äußerst gefährlich sei vielmehr der Weg über die Berge, durch die kein trittsicherer Pfad führe, steile Felswände und tiefe Schluchten den Weg versperrten.

Nun war guter Rat teuer. Handel mit der Stadt konnten sie nicht betreiben, da es ihnen unmöglich war, die Waren über die Berge zu transportieren. Auszuwandern und ihr liebliches Tal am Meer zu verlassen, das mochten sie sich auch nicht vorstellen.

„Schon unsere Väter haben es immer wieder abgelehnt, ein Schiff zu bauen und in der Hoffnung auf eine bessere Zukunft hinaus aufs ungewisse Meer zu segeln. Auch würde es Jahre dauern, ein genügend großes Schiff zu bauen, wozu uns auch die Erfahrung fehlt. Es bleibt uns nichts anderes übrig, als die zwei Berge, die uns den Durchgang ins Hinterland versperren, abzutragen. Wenn wir uns gemeinsam an die Arbeit machen, können wir einen sicheren Pfad, vielleicht sogar eine Straße anlegen, damit unsere Not für immer ein Ende hat."

Ungläubig starrten die Dörfler den Ältesten an. Sie konnten nicht glauben, was sie soeben gehört hatten. Eine so ungeheure Idee war noch keinem von ihnen in den Sinn gekommen. Sie konnten sich auch nicht erinnern, daß jemals einer ihrer Vorfahren einen solchen Vorschlag gemacht hätte, denn ein derart phantastischer Gedanke wäre doch in Generationen nicht verloren gegangen.

Als sie nach dem ersten Staunen wieder zur Besinnung kamen, fragte einer der Umstehenden den Ältesten: „Aber wohin sollen wir das Geröll und den Sand schaffen. Wenn wir Berge abtragen, werden anderswo neue Berge entstehen."

„Gar kein Problem", sagte der Dorfälteste. „Den gesamten Abraum schütten wir ins Meer und später in die Schluchten."

„Das ist doch alles Unsinn", ereiferten sich einige Leute. „Das ist doch gar nicht zu schaffen und wäre nur Verschwendung von Arbeitskraft, die wir dringend brauchen, um unsere Felder zu bestellen und etwas Fisch zu fangen. Viele von uns sind schon alt, einige sind jung oder im mittleren Alter, und die Kinder zählen bei einem solchen Unternehmen nicht."

„Ihr habt recht und ihr habt zugleich unrecht: Was wir dringend brauchen, ist die Begegnung mit anderen Bewohnern dieses Landes, um Handel treiben zu können. Darum werden wir in wechselnden Gruppen arbeiten, damit unser täglicher Bedarf gedeckt wird und zugleich am großen Ziel gearbeitet werden kann.

Auch zählt jeder einzelne, die Alten ebenso wie die Kinder. Denn natürlich werden wir Alten es nicht mehr erleben, daß die Straße fertiggestellt wird. Und vielleicht werden es auch unsere Kinder noch nicht erleben. Aber wir haben seit Generationen nach einem Weg gesucht – was könnte uns nun daran hindern, für Generationen auf ein Ziel hinzuarbeiten? Und bedenkt: Die Berge stehen da und verändern sich nicht. Sie werden sich weder vermehren, noch werden sie wachsen. Wir aber werden uns verändern, und wir werden wachsen.

Darum haben die Berge keine Chance gegen uns. Wenn wir unser Ziel nicht aus den Augen verlieren, werden wir die Berge bezwingen. Wenn wir zusammenstehen, haben wir die Berge bereits besiegt!"

113. Falscher Stolz

Der Portier des vornehmsten Hotels der Stadt kam am Ende seines langen Arbeitstages nach Hause, als seine Frau ihm mitteilte, daß sie ihn verlassen werde. Äußerst betroffen fragte er sie nach dem plötzlichen Sinneswandel, da sie doch schon so viele Jahre glücklich zusammenlebten.

„Entsetzt bin ich", sagte die Frau, „denn heute habe ich dein anderes Gesicht gesehen. Zufällig ging ich heute an deinem Hotel vorbei, denn normalerweise komme ich ja nie in den vornehmen Stadtteil. Von der anderen Straßenseite sah ich, mit welcher Arroganz du in deiner goldbetreßten Uniform einen Stadtstreicher davongejagt hast, wie du lästige Kinder verscheuchtest und wie untertänig und selbstgefällig du deinen Dienst verrichtet hast. Mit einem solchen Mann will ich nicht länger zusammensein."

Still ging der Mann aus dem Zimmer. Von diesem Tag an änderte er sein Verhalten: Er wurde freundlich, zuverlässig und bescheiden.

114. Gelassenheit

*K*aum etwas empfinden wir als demütigender, als wenn hinter unserem Rücken schlecht über uns geredet wird oder wenn wir zu Unrecht beschuldigt werden. Staatsmänner lernen recht rasch, mit solchen Erfahrungen zu leben. Vielleicht will sich ein Gegner aus den Reihen der Opposition auf ihre Kosten profilieren oder ein Journalist spekuliert aus Sensationslust mit eigenwilligen Behauptungen. Zwar sind solche Ereignisse eher die Ausnahme, und in der Regel nutzen verantwortungsbewußte Politiker die seriöse Kritik als Gradmesser für die Annahme ihrer Arbeit, doch können sie die leidige Situation ungerechtfertigter Vorhaltungen selten vermeiden.

Nach den Wahlen sah sich ein ausgezeichneter und altgedienter Politiker plötzlich den heftigen Beschuldigungen eines neuen Parlamentsmitglieds ausgesetzt. Der neue Politiker ließ keine Gelegenheit aus, um ihn in seinen Reden und in den Medien mit abfälligen Bemerkungen zu attackieren. Doch der alte Politiker machte keinerlei Anstalten, dem Einhalt zu gebieten. Selbst wenn ihn sein neuer Gegner in einer Parlamentsdebatte ziemlich rüde unterbrach, verzog er keine Miene und ignorierte dessen Zwischenrufe.

Nach einiger Zeit fragte ein Freund den Staatsmann, wie er es nur schaffe, die Ruhe zu behalten, wie er so gelassen bleiben könne und angesichts des ungebührlichen Verhaltens und der falschen Beschuldigungen seines Gegners nicht mit der vollen Kraft seiner Autorität zurückschlage.

„Deine Frage kann ich am besten mit einer kleinen Geschichte aus meiner Kindheit beantworten", sagte der

Staatsmann. „Damals, als ich noch ein kleiner Junge war, lebte in der Wohnung nebenan ein alter Mann, der einen Hund hatte. Immer wenn der Mond schien, fing der Hund an zu heulen, manchmal länger als eine Stunde. Anfangs fürchtete ich mich sehr, wenn ich nachts aufwachte, und auch für alle Bewohner war das Geheule ziemlich lästig, aber man unternahm nichts dagegen, weil der Nachbar alt und allein war und außerdem noch stocktaub."

Der Politiker unterbrach sich, schaute auf seine Uhr und stand eilig auf und sagte: „Ich muß los. Ich sehe dich nachher im Ausschuß!"

„Halt, einen Augenblick!" rief der Freund. „Du kannst mich doch nicht mit einer halbfertigen Geschichte sitzen lassen. Also, was ist geschehen?"

„Eigentlich ist der Geschichte nichts mehr hinzuzufügen", entgegnete der Politiker mit einem verschmitzten Lächeln. „Irgendwann wurde der Hund des Jaulens überdrüssig, und der Mond schien weiterhin."

115. Höchstpersönlich

An der Pforte eines stillen Klosters zog ein Mann heftig die Glocke und begehrte Einlaß. Der Pförtner überbrachte dem Meister eine beeindruckende goldverzierte Visitenkarte, auf der zu lesen stand: Conrad von Soundso; und darunter: Präsident des Soundso-Unternehmens.

Der Meister gab dem Pförtner die Karte zurück mit der Bemerkung: „Sage ihm, er sei hier fehl am Platze."

Der Pförtner tat wie geheißen. „Entschuldigt bitte, das war mein Fehler", sagte der vornehme Herr. Er strich mit einem Stift die Worte durch und schrieb auf die leere Rückseite der Visitenkarte: Conrad.

„Erbitte meinen Einlaß freundlicherweise noch einmal von deinem Meister."

Der Pförtner brachte die Visitenkarte nochmals zum Meister.

„Ach, Conrad wartet draußen", sagte der Meister. „Den möchte ich sehen. Laß ihn herein."

116. Gottes Liebe

Ein Amerikaner war in England verheiratet gewesen. Doch da seine Frau nach langer Krankheit verstorben war, beschloß er, mit seiner kleinen Tochter in seine alte Heimat zurückzukehren. Eine lange Seereise schien ihm der richtige Weg zu sein, seinen Kummer zu bewältigen.

Am zweiten Tag ihrer Reise gingen Vater und Tochter auf dem Deck des Schiffes ein wenig auf und ab. Sie standen an der Reling und sahen, wie das Schiff durch die sanften Wellen glitt. Sie gaben sich ganz der Faszination der unendlichen Weite des Meeres hin, ein jeder von ihnen bedrückt durch das tragische Ereignis, die Frau und die Mutter verloren zu haben.

Nach einer Weile fragte das Mädchen ganz leise aus ihren Gedanken heraus: „Papa, hat Gott uns ebenso lieb wie wir Mama lieb gehabt haben?"

„Ja, da tut er, mein Liebes", antwortete der Vater. „Gottes Liebe ist das Allergrößte, das es in der Welt überhaupt gibt."

„Wie groß ist das denn?" fragte das Kind.

„Wie groß? Ich will versuchen, dir das zu erklären: Schau über das weite Meer. Sieh nach oben und dann nach unten. Gottes Liebe ist so groß, daß sie uns weiter umgibt als alles Wasser, das du sehen kannst. Und sie ist höher als der höchste Himmel über uns und geht tiefer als die tiefste Tiefe unter uns, über die uns unser Schiff trägt."

Das Mädchen versuchte, dieses gewaltige Bild zu verstehen. Ihrem Gesicht war die große Mühe anzusehen, und ihre Augen füllten sich mit Tränen. Schon wollte der Vater sie trösten, da umfaßte sie mit beiden Händen seinen Arm und ein Strahlen ging über ihr Gesicht, als sie sagte: „Aber das ist ja wunderbar, weil wir mitten darin sind!"

117. Das Beste

*E*in gelehrter Leser betrat eine Buchhandlung. Während er in verschiedenen Neuerscheinungen blätterte, vernahm er folgendes Gespräch:

„Geben Sie mir das beste Buch, das Sie haben", verlangte ein Kunde von der Buchhändlerin.

„Jedes Buch in unserer Buchhandlung ist das beste!" sagte die Buchhändlerin. „Sie werden kein Buch finden, das nicht das beste ist."

Diese Worte erleuchteten den Zuhörer und machten ihn weise.

118. Beharrlichkeit

*E*in Mann fing an, einen Brunnen zu graben. Er grub zehn Meter tief und stieß noch immer nicht auf Wasser.

Schließlich gab er diese Grabung auf und fing an anderer Stelle von vorne an. Doch obwohl er diesmal fünfzehn Meter tief grub, zeigte der Boden noch immer keine Spuren von Feuchtigkeit.

Er suchte einen anderen Platz und grub nun noch tiefer als die beiden vorigen Male. Aber auch hier fand er kein Wasser.

Enttäuscht und erschöpft gab er das ganze Unternehmen auf.

Die Tiefe der drei Brunnenschächte betrug zusammengerechnet fast fünfzig Meter.

Hätte er die Geduld gehabt, von der gesamten Energie, die er schließlich bei seinem Bemühen aufgewendet hatte, nur einen Bruchteil auf die Grabung im ersten Brunnen zu verwenden und noch ein wenig tiefer gegraben, so hätte er sicherlich Wasser gefunden.

119. Zuverlässig

Zwei Freunde hatten sich geschworen, sich auf ihrer langen Reise in allen Nöten und Gefahren beizustehen. Auf ihrer einsamen Wanderschaft geschah es, daß ein riesiger Bär ihre Witterung aufgenommen hatte und sie verfolgte.

Einer der Freunde hatte in seiner Panik alle guten Vorsätze, einander zu beschützen und zu helfen, sofort vergessen. Er rannte zu einem Baum, sprang zum untersten Ast, zog sich hoch und brachte sich in Sicherheit.

Im Vertrauen auf die Erzählung, daß ein Bär niemals einen toten Menschen angreift, warf sich der andere Wanderer auf die Erde und stellte sich tot.

Der Bär kam näher, schnüffelte überall an dem vermeintlich Toten herum, ließ dann aber von dem reglosen Körper ab und trollte sich von dannen.

Der Reisegefährte kletterte von seinem Baum, rüttelte den erstarrten Freund und fragte ihn grinsend: „Was hat der Bär dir denn gesagt? Ich habe genau gesehen, daß er seine Schnauze ganz nah an dein Ohr hielt."

„Nun, er gab mir den guten Rat, niemals solchen falschen Freunden zu vertrauen, die beim ersten Anzeichen von Gefahr Reißaus nehmen und ihre Freunde im Stich lassen."

120. Erfahrung

„Was ist nur mit unseren Freunden los?" sagte der Affe eines Tages zu seiner Frau, „sie sehen alle so schlecht gelaunt aus."

„Sie werden wohl dem Ärger begegnet sein", meinte seine Frau.

„Ach du meine Güte. Ich wollte, ich würde ihn mal kennenlernen. Es würde mich interessieren, welchen Eindruck er macht", entgegnete der Affe.

Der Gedanke beschäftigte ihn sehr, und da er allein keine Antwort finden konnte, ging er zum alten Weisen des Waldes und trug ihm sein Anliegen vor.

„Nichts einfacher als das", sagte der Alte. „Dem Ärger kannst du überall begegnen. Nimm diesen Sack und trage ihn bis zur Mitte der Lichtung. Genau in der Mitte der Waldlichtung öffnest du den Sack, und dann wirst du mit größter Sicherheit auf Ärger treffen."

Der Affe nahm den Sack und öffnete ihn genau in der Mitte der Lichtung. Ein großer Hund sprang heraus und bellte den Affen so wütend an, daß der wegrannte, so schnell er konnte. Unglücklicherweise war es ein weiter Weg bis an den Rand der Lichtung, wo die ersten Bäume standen. Der Hund jagte hinter dem Affen her. Der konnte sein heißes Schnauben auf dem Rücken fühlen und spürte seine Fänge nahe seinen Beinen. Von Panik getrieben sprang er im letzten Augenblick an den untersten Ast eines Baumes und brachte sich zwischen den Blättern rasch in Sicherheit. Am Fuß des Baumes tobte die wütende Bestie, bis sie schließlich von ihm abließ und zwischen den Bäumen verschwand.

„Ich habe nie geglaubt, dem Ärger so rasch zu begegnen", sagte der Affe am Abend zu seiner Frau.

„Geschieht dir ganz recht", erwiderte sie. „Denn nur wirklich dumme Affen sind darauf aus, dem Ärger zu begegnen."

121. Natürlich

Ein Mann hatte die Neigung entwickelt, an allem und jedem herumzukritteln. Ständig hatte er etwas zu nörgeln, es gefiel ihm dies nicht, es gefiel ihm das nicht. Und meistens hatte er auch gleich einige Verbesserungsvorschläge parat.

Eines Tages bemerkte er, daß ein großer Kürbis aus einem dünnen Stiel wuchs. „Wie dumm das ist", rief er aus, „einen so mächtigen Kürbis an einem so winzigen Trieb wachsen zu lassen. Wenn ich die Welt gemacht hätte, dann würden mächtige Kürbisse auf mächtigen Eichen wachsen, statt dieser kleinen Eicheln, die man ja kaum erkennen kann."

Erschöpft von der Anstrengung, diesen großen Gedanken zu denken, ließ er sich im Schatten der alten Eiche nieder, die ihn zu seiner Überlegung angeregt hatte. Er hatte eben die Augen zu einem Nickerchen geschlossen, als ihm etwas auf den Kopf fiel. Eine Eichel war vom Baum gefallen.

Während er sich die schmerzende Stelle rieb, dachte er: „Gottseidank wachsen auf Eichen keine Kürbisse."

122. Geteiltes Leid

Zwei Wanderer waren seit den frühen Morgenstunden unterwegs. Die Sonne brannte auf sie nieder. Ihre Kehlen waren ausgetrocknet, ihre Beine waren bleischwer, die Füße schmerzten.

„Ich gehe jetzt keinen Schritt weiter", sagte der Jüngere und ließ sich ins Gras fallen. „Noch sechs Kilometer und fast immer bergauf, das schaffe ich nicht mehr."

„Wenn du es bis hierher geschafft hast, wirst du den Rest des Weges auch noch überstehen", ermunterte ihn sein Weggefährte und fügte wohlmeinend hinzu: „Es sind doch nur noch drei für jeden von uns."

123. Dazugelernt

Von den vielen Schülern, die sich um den Meister scharten, wurde einer verdächtigt, ein Dieb zu sein. Man brachte die Anklage vor den Meister, doch er ging auf das Problem nicht ein.

Einige Zeit später wurde der Schüler beim Diebstahl erwischt. Jetzt war die Verdächtigung zum Tatbestand geworden. Die Schüler erwarteten, daß der Meister den Täter zur Rechenschaft ziehen werde. Doch wieder unternahm der Meister nichts in dieser Angelegenheit.

Da reichten die empörten Schüler eine Bittschrift beim Meister ein und ersuchten ihn, den Dieb endlich zu bestrafen, da sie sonst allesamt fortgehen würden.

Nun rief der Meister alle Schüler zu sich. „Ihr, die ihr euch empört und ein langes Gesuch eingereicht habt, seid kluge Schüler", sagte der Meister. „Denn ihr habt verstanden, was recht ist und was nicht recht ist. Geht ruhig fort, wenn ihr meint, daß es für euch hier nichts mehr zu lernen gibt. Niemand hält euch auf.

Doch dieser arme Mitschüler von euch kann nicht einmal zwischen recht und unrecht unterscheiden. Wer soll ihn unterweisen, wenn ich es nicht tue. Geht ihr nur fort, doch ihn werde ich in meiner Nähe behalten."

Tränen der Scham reinigten die Seele des Diebes, und Demut befriedete die Herzen der Empörten.

124. Beschämt

in Araber hatte ein Pferd, das reinrassig und so über alle Maßen schön war, daß ein jeder, der es sah, sogleich den Wunsch verspürte, es besitzen zu wollen. Ein Beduinenscheich bot ihm zwei edle Kamele für sein Pferd, doch der Araber war nicht interessiert. Auch die gesamte Kamelherde des Scheichs wollte der Araber nicht gegen sein Pferd eintauschen.

„Wenn er mir gegen all mein Hab und Gut das Pferd nicht einhandeln will, dann muß es eben mit einer List gehen", dachte sich der Beduine, und er verkleidete sich wie ein Bettler.

Schlimme Schmerzen vortäuschend, legte er sich an den Rand der Straße, von der er wußte, daß der Araber auf seinem Pferd hier vorbeikommen werde. Und so geschah es auch. Voller Mitgefühl mit dem leidenden Bettler stieg der Araber vom Pferd. Er beugte sich über den armen kranken Mann und bot ihm an, ihn zu einem Arzt zu begleiten.

„Ich bin zu schwach zum Laufen", wimmerte der Bettler. „Ich habe schon seit Tagen nichts mehr gegessen. Ich kann nicht aufstehen, ich habe keine Kraft mehr."

Der Araber hob mit starken Armen den kranken Bettler in den Sattel, und kaum, daß er auf dem Pferd saß, stieß er ihm mit den Füßen in die Flanke und galoppierte davon.

Schnell hatte der Araber erfaßt, daß er von dem Beduinen überlistet worden war, und er rief dem Scheich nach, er solle anhalten, da er ihm etwas sagen müsse. Stolz, aber auch neugierig zügelte der Scheich in sicherer Entfernung das Pferd.

„Du hast mir mein Pferd gestohlen", rief der Araber.

„Daran kann ich nun nichts mehr ändern. Aber wenn du noch einen Funken Anstand im Herzen haben solltest, dann erfülle mir die Bitte und erzähle niemandem, auf welche Weise du mich hereingelegt hast."

„Warum sollte ich das wohl tun?" rief der Scheich höhnisch zurück.

„Weil irgendwann wirklich ein armer Mensch krank und hilflos am Wegrand liegen könnte. Und wenn dein Verhalten bekannt wird, wird niemand mehr ihm helfen wollen."

Ein Woge von Scham erfaßte den Scheich. Er ritt zurück, und wortlos übergab er das edle Pferd seinem rechtmäßigen Besitzer.

125. Verändern

Die Eltern waren in große Sorge wegen ihres einzigen Sohnes, der ein ziemlich ausschweifendes Leben in der großen Stadt führte. Sie wußten, daß sie ihr Kind sehr verwöhnt und einen Teil der Situation mitverursacht hatten, die sie nun beklagten. Kein Wunder, daß alle ihre Ermahnungen bei ihrem Sohn auf taube Ohren stießen.

„Ich lebe jetzt, und ich will etwas vom Leben haben", war seine Devise. Es kümmerte ihn nicht, daß er seinen exzessiven Lebenswandel auf Kosten seiner Eltern bestritt und allmählich auch sie in Gefahr brachte.

Da besprach sich eines Tages der Vater mit seinem älteren Bruder: „Du bist doch der Patenonkel unseres Sohnes. Wir wissen, daß wir ihn strenger hätten erziehen müssen, und es schmerzt uns sehr, daß wir immer so nachgiebig waren und unser Sohn nicht auf uns hören will. Alles Ermahnen und Schimpfen hilft nicht weiter.

Dich hat er doch immer sehr gern gehabt. Du hast sicher einigen Einfluß auf ihn. Willst du es nicht versuchen, ihn zur Umkehr zu bewegen, ehe er sich und uns in die Katastrophe stürzt? Ich würde dich nicht bitten es zu versuchen, wenn ich noch einen anderen Ausweg wüßte."

So machte sich der Patenonkel auf den weiten Weg und besuchte seinen Neffen, den er viele Jahre lang nicht gesehen hatte. Dem ehemals schönen und stattlichen jungen Mann waren deutlich die Zeichen seines ausschweifenden Lebens ins Gesicht geschrieben. Doch der Onkel verlor kein Wort darüber. Statt dessen sprachen sie über dies und das, die Freude des Wiedersehens, die Studienbedingungen in der fremden Stadt, und der Neffe war sichtlich bemüht, seinem Lieblingsonkel gefällig zu sein.

Als der Onkel am nächsten Morgen abreisen wollte, schienen seine Hände zu zittern und ihn sein Rücken zu plagen. „Ich werde allmählich alt. Die kleinsten Anstrengungen machen sich unangenehm bemerkbar. Würdest du mir bitte helfen, meine Schuhe zu schnüren?"

Gerne war ihm der Neffe behilflich.

„Du siehst, man wird jeden Tag älter und kraftloser. Darum gib gut auf dich acht, damit du das Leben lange genießen kannst."

Mit diesen Worten verabschiedete sich der Onkel, dem nicht eine Silbe des Tadels und des Vorwurfs über die Lippen gekommen war. Und doch veränderte von diesem Tage an der Neffe sein Leben.

126. Entstellt

*Z*um Meister kam eine Frau, die ihn um Rat fragte, da ihr Mann wegen seines Jähzorns und seines Geizes der Familie das Leben unendlich schwer machte.

Der Meister bat die Frau, ihren Mann zu ihm zu schicken. Der Mann war neugierig, was der Meister wohl von ihm wolle, und er ging zu ihm. Er war nicht schlecht erschrocken, als ihm der Meister mit drohender Gebärde die geballte Faust vor die Nase hielt.

„Wie würdest du die Faust benennen, die immer so aussähe?" fragte der Meister.

„Entstellt, deformiert, verunstaltet", sagte der Mann.

Dann öffnete der Meister die Hand, spreizte die Finger ab und fragte: „Und wie würdest du die Hand benennen, wenn sie immer so aussähe?"

„Entstellt, deformiert, verunstaltet", sagte der Mann.

„Da du dies sehr wohl verstehst", überlegte der Meister, „nehme ich an, daß du ein guter Mann bist. Du kannst gehen."

In tiefem Nachdenken ging der Mann nach Hause und änderte sein Verhalten.

127. Das Wort des Menschen

Ein kluger Minister hatte seinem König viele Jahre treu gedient. Nach seinem Tode sollten seine beiden Söhne, die ebenso klug waren wie ihr Vater, auf Wunsch des Königs ebenfalls zu Ministern ernannt werden. Doch machtgierige und eifersüchtige Hofleute überlegten, wie sie dies verhindern könnten. Sie beschuldigten darum den Verstorbenen, er habe sechstausend Goldstücke bei ihnen ausgeliehen, und man könne die Söhne wohl nur dann mit dem angesehenen Amt betrauen, wenn sie zuvor die Schulden des Vaters beglichen hätten.

Die Söhne waren sich sicher, daß ihr bescheidener Vater nie und nimmer eine solch unvorstellbare Summe ausgeliehen hatte, und wenn sie ihr ganzes Erbe verkaufen würden, käme nicht soviel Gold zusammen. Sie ahnten wohl die ihnen gestellte Falle und baten den König, daß er ihnen bei Hofe eine Anstellung gebe. Auf Geheiß des neuen Ministers bekam jeder von ihnen einen geringen Posten, der eine wurde Türsteher, der andere Gärtner.

Jeden Tag ging der König durch die Tür, an der der ältere Bruder Wache hielt. Wie die Brüder tags zuvor beschlossen hatten, sprach der ältere Bruder einmal den König an mit der Frage: „Herr, an Eurem Hofe gibt es sicher viele kluge Leute. Wenn mir einer von ihnen sagen könnte, was in der Welt das Höchste ist, wäre ich ihm sehr dankbar."

Der ganze Hofstaat geriet ins Grübeln, doch konnte keiner eine ausreichend befriedigende Antwort finden. Da ließ der König den Türsteher zu sich rufen und befahl ihm, jemanden ausfindig zu machen, der diese schwierige Frage beantworten könne. Der Türsteher meinte jedoch, daß seiner unmaßgeblichen Meinung nach nur der neue Gärtner in der Lage sei, eine solche Frage zu beantworten. Sofort wurde der Gärtner herbeizitiert, und der antwortete auf die ihm gestellte Frage: „Herr, das Höchste in der Welt ist das Wort des Menschen."

Diese Antwort beeindruckte alle sehr, und sie priesen den Gärtner als einen klugen Mann. Der König sprach: „Verlange, was du willst, es wird dir gewährt." Der Gärtner erbat sich zweitausend Goldstücke, die ihm sogleich herbeigeschafft wurden.

Als der König am nächsten Tag wieder durch die Türe schritt, fragte ihn der Türsteher: „Herr, Ihr habt zwar sehr schön gesagt, das Höchste in der Welt sei das Wort des Menschen, aber nun möchte ich doch gerne wissen, wo es denn zu finden ist."

Auch diese Frage führte zu Unstimmigkeiten bei den Hofleuten: die einen meinten, das Wort des Menschen sei nur bei den ehrlichen Menschen zu finden; andere meinten, nur bei den Reichen; wieder andere waren überzeugt, daß es nur den Mächtigen gehöre. So wurde wieder der Gärtner befragt, doch der sagte: „Bevor ich antworte, erbitte ich wiederum zweitausend Goldstücke." Die wurden ihm auch rasch aus der Schatzkammer herbeigeholt, denn alle waren begierig, seine Antwort auf diese schwierige Frage zu hören. Darauf sagte der Gärtner: „Herr, das Wort des Menschen lebt nicht bei denen, die bloß ehrlich sind, schon gar nicht bei denen, die bloß reich oder mächtig sind, sondern es lebt bei denen, die ihr gegebenes Wort halten und niemals brechen." Alle waren zufrieden und dachten über diese kluge Antwort nach.

Doch am nächsten Tag hielt der Türsteher den König wieder an und sagte: „Nun haben wir auf zwei schwierige Fragen zwei kluge Antworten gehört. Jetzt möchte ich nur noch eines wissen: Wovon ernährt sich das Wort des treuen Menschen?"

Da niemand am Hofe in der Lage war, die schwere Frage zu beantworten, wurde der Gärtner geholt, der wie zuvor zweitausend Goldstücke für die richtige Antwort verlangte. Als er sie erhalten hatte, sagte er: „Das Höchste in der Welt ist das Wort. Es lebt bei denen, die ihr Wort halten. Und es ernährt sich von der Geduld." Alle fanden diese Antwort sehr klug, und sie waren sehr zufrieden.

Der König war nicht wenig verwundert, als er am Tag darauf zum vierten Male von dem Türsteher angehalten wurde, nun mit der Frage: „Herr, Ihr habt auf alle drei Fragen kluge Antworten gefunden, doch nun sagt mir bitte noch, was das Wort bewirkt."

Da auch diese Frage niemand der Anwesenden beantworten konnte, wurde der Gärtner geholt, der zum grenzenlosen Erstaunen aller dem König sechstausend Goldstücke zu Füßen legte und sprach: „Herr, nach dem Tode unseres Vaters hat uns der neue Minister fälschlich beschuldigt, ihm sechstausend Goldstücke schuldig zu sein. Dennoch wollen wir unsere angebliche Schuld begleichen. Doch bevor ich auf die letzte Frage eine Antwort gebe, bitte ich, den Lügner und Intriganten zu bestrafen."

Sogleich enthob der König den treulosen Minister seines Amtes und ließ ihn in den tiefsten Kerker werfen.

Dann sprach der Gärtner: „Herr, das menschliche Wort ist das höchste in der Welt. Es lebt bei denen, die zu ihrem Wort unverbrüchlich stehen. Geduld ist seine Stärkung. Und es bewirkt, was weder Geld, Macht und Verstand jemals bewirken können."

Als der König und alle Anwesenden so weise Worte aus dem Munde des jungen Mannes vernahmen, staunten sie sehr und alle lobten den König, als er die beiden klugen Brüder als seine neuen Minister willkommen hieß.

128. Günstig

*N*ach langem und beschwerlichem Weg erreichten die beiden Wanderer müde und hungrig endlich ein Dorf. Am Wirtshaus hing eine Tafel, auf der mit Kreide der Preis für das Gericht des Tages verzeichnet war.

„So ein Braten wäre mir jetzt gerade recht. Aber er ist viel zu teuer für uns", seufzte der eine Wanderer.

„Wir machen ihn billig", sagte selbstbewußt sein Kamerad.

„Willst du den Preis etwa abändern? Das gibt Ärger!"

„Viel einfacher", bekam er zur Antwort. „Wir essen nichts und bezahlen nichts."

129. Hilfsbereit

Ein Bauer brachte mit seinem Esel einen schweren Sack mit Korn zum Müller. Unterwegs rutschte der Sack vom Rücken des Esels und lag nun auf dem Weg. So sehr der Bauer sich auch bemühte, den Sack anzuheben, es gelang ihm nicht, denn er war für einen Mann alleine viel zu schwer. So blieb ihm nichts anderes übrig, als zu warten, daß jemand vorbei käme, der ihm helfen könne.

Nach gar nicht langer Zeit hörte er einen Reiter näher kommen, doch am liebsten hätte er sich in ein Mauseloch verkrochen, als er erkannte, daß der Reiter der Herr Graf aus dem nahe liegenden Schloß höchstpersönlich war. Viel lieber hätte er natürlich einen anderen Bauern um Hilfe gebeten oder einen Handwerksburschen, aber es schien ihm ganz unmöglich, einen so hochgestellten Herrn um Hilfe zu fragen.

Der Graf kam herangeritten, erkannte das Problem, stieg vom Pferd und sagte: „Wie ich sehe, hast du ein bißchen Pech gehabt, mein Freund. Da bin ich ja gerade rechtzeitig gekommen, um dir behilflich zu sein." Sprach's und faßte den Sack an einem Ende, der Bauer nahm das andere Ende, und gemeinsam hoben sie den Getreidesack auf den Rücken des Esels.

Immer noch fassungslos stammelte der Bauer: „Mein Herr, wie kann ich Ihnen das vergelten?"

„Nichts leichter als das", sagte der Edelmann. „Wann immer du einen Menschen in Schwierigkeiten siehst, dann tue das gleiche für ihn."

130. Spende

Ein reicher Handelsherr war in die Jahre gekommen, und es lag ihm nun am Herzen, etwas für sein Seelenheil zu tun. Er ließ einen herrlich geschmückten Wagen mit den wertvollsten Gütern seines Handelshauses beladen und zum nahegelegenen Kloster bringen. Seine Erwartungen, vom Abt des Klosters mit Begeisterung empfangen zu werden, wurden herb enttäuscht.

„Deine Gaben sind nicht das, was sie zu sein scheinen", beanstandete der Abt. „Rosenöl und Moschus sind nichts anderes als die Tränen der Rose und das Blut des Moschustieres. An Tränen und Blut seine Freude zu haben ist Wahnsinn. Was ist schön am Duft des Räucherstäbchens, denn es ist eigentlich nur Rauch. Du lobst Seide und Samt, die doch im Grunde nur der Speichel einer Raupe sind. Ja selbst der wohlschmeckende, süße Honig ist nichts anderes als die Ausscheidung der armen Biene."

131. Aufrichtig

Ein Mann hatte die Gewohnheit, immerzu „Heil und Wohlergehen" zu murmeln und auch anderen als Gruß darzubieten. Als man ihn fragte, wie er dazu komme, sich und allen anderen beständig „Heil und Wohlergehen" zu wünschen, erzählte er seine Geschichte.

„Früher arbeitete ich als Lastträger. Eines Tages setzte ich mich völlig erschöpft in den Schatten eines Baumes und seufzte aus tiefstem Herzen: ‚Ach Gott, wenn du mir doch täglich nur zwei Brote geben würdest, ohne daß ich mich dafür dermaßen plagen müßte, dann wäre ich bis an mein Lebensende glücklich und zufrieden.'

Vielleicht war ich kurz eingeschlafen, denn ich schreckte von plötzlichem Lärm in meiner Nähe auf. Zwei Männer rauften sich fürchterlich, und als ich dazwischenging, um die Streithähne zu trennen, bekam ich einen heftigen Schlag auf die Nase und ging blutend zu Boden.

Der Lärm hatte den Aufseher alarmiert, und er verhaftete die beiden Streithähne. Da er mich blutüberströmt dort liegen sah, war er der Meinung, daß auch ich an der Prügelei beteiligt gewesen wäre, und steckte mich wie sie ins Gefängnis.

Dort hielt man mich einige Zeit fest, und ich bekam täglich zwei Brote, für die ich nicht arbeiten mußte.

Als mir der Arrest schon bitter geworden war und die Ironie des Schicksals mir mein Begehren auf drastische Weise erfüllt hatte, hörte ich eines Nachts im Traum eine Stimme, die mir sagte: ‚Das hast du nun davon. Du hast um zwei Brote gebeten, aber nicht um Heil und Wohlergehen!'

Als ich aus dem Schlaf erwachte, rief ich sofort: ‚Heil und Wohlergehen!', und der Wärter kam und sagte: ‚Lastträger, du bist frei und kannst gehen.' Wegen dieser Lektion wünsche ich allen Menschen und mir nur noch ‚Heil und Wohlergehen'."

132. Gute Wünsche

Ein König kam auf der Reise durch sein Land auch in die entlegenste seiner Provinzen. Auf dem großen Platz der Bezirkshauptstadt hatte sich eine große Menschenmenge eingefunden, um den König und sein stattliches Gefolge zu begrüßen.

Ein alter Mann drängte sich durch die vorderste Reihe und rief dem König zu: „Guter König, möge dir der Himmel ein langes Leben schenken, alle Schätze der Welt und zahlreiche Nachkommen!"

Der König zügelte sein Pferd und erwiderte ihm: „Danke für deine Wünsche. Du hast es sicherlich gut gemeint. Aber du täuschst dich, denn eine große Familie bereitet große Sorgen, viel Reichtum schafft viel Last, und ein langes Leben bringt eine unendlich lange Reihe von Enttäuschungen mit sich."

„Meine Wünsche sind aufrichtig und gut gemeint", entgegnete der Alte. „Wenn dir der Himmel eine große Familie beschert, in der alle Mitglieder ihre Pflichten gegeneinander erfüllen, welche Sorgen sind dann zu befürchten?

Besitzt du großen Reichtum und machst dir eine Freude daraus, ihn freiwillig unter die Armen und Bedürftigen deines Reiches zu verteilen, welche Last kann er dir bereiten?

Wenn in deinem Reiche die Vernunft herrscht, kannst du mit Freuden in der Gemeinschaft der Menschen wirken; wenn die Unvernunft Überhand gewinnt, kannst du dich zurückziehen und dich um deine Vervollkommnung kümmern – wie kann dich ein langes Leben dann enttäuschen?"

VI. Dem wahren Glück begegnen

133. Kleinigkeiten

Jede Woche, wenn der Straßenkehrer auch vor ihrem Haus fegte, kam die Frau heraus, gab ihm ein Glas Limonade und ein Stückchen Gebäck. Er war ein netter alter Mann, dankte freundlich und nahm seine Arbeit wieder auf.

Eines Abends ertönte die Klingel, und der Straßenfeger stand vor der Haustüre. In der Hand hielt er ein Sträußchen Blumen und eine kleine Schachtel Pralinen. Er schien etwas nervös, als er der Frau sagte: „Das ist für Sie, liebe Frau, als Dank für Ihre Freundlichkeit."

„Aber das sollten Sie wirklich nicht tun", sagte die Frau etwas verlegen. „Ein Glas Limonade, das ist doch nichts."

„Mag sein, daß es nicht viel ist", sagte der Straßenfeger, „aber es ist mehr, als jeder andere getan hat."

134. Weitsichtig

In einem kleinen Haus mit einem großen Grundstück lebte ein Mann, der dort einen herrlichen Garten angelegt hatte. Obwohl der Mann infolge eines Unfalls vor einigen Jahren erblindet war, verbrachte er dennoch jede freie Minute in seinem Garten. Er pflanzte und bewässerte, pflegte den Rasen, beschnitt die Rosen und im Frühling, im Sommer und im Herbst bot der Garten ein prächtiges Bild voll der leuchtendsten Farben.

Einmal kam ein Besucher aus der Stadt vorbei, der im Dorf von dem blinden Gärtner gehört hatte.

„Sagen Sie mir, warum machen Sie das?" fragte der Städter. „Wie ich hörte, können Sie doch gar nicht sehen."

„Nicht das geringste!"

„Warum plagen Sie sich dann mit dem Garten ab? Was haben Sie denn von den Blumen, wenn Sie die eine Farbe nicht von der anderen unterscheiden können?"

Der blinde Gärtner lehnte sich an den Gartenzaun und sagte lächelnd zu dem Fremden: „Nun, es gibt einige gute Gründe: Ich habe Gartenarbeit immer gemocht. Sie nur deswegen aufzugeben, weil ich erblindete, schien mir kein ausreichender Grund zu sein. Ich kann zwar nicht sehen, was da wächst, aber ich kann tasten und fühlen. Ich kann die Farben zwar nicht sehen, aber ich kann den Duft der Blumen einatmen, die ich einpflanzte. Und ein weiterer Grund sind Sie."

„Wieso ich? Sie kennen mich doch gar nicht!"

„Sie persönlich kenne ich zwar nicht. Aber an schönen Tagen kommt manchmal jemand wie Sie hier vorbei und bleibt stehen. Wenn dieses Stückchen Erde nur ein verwildertes, heruntergekommenes Grundstück wäre, dann wäre Ihnen der Anblick unangenehm gewesen. Meiner Meinung nach gibt es keinen Grund, etwas nicht zu tun, nur weil es einem selbst auf den ersten Blick nicht allzu viel bringt, wenn es doch anderen ein wenig hilft."

„So habe ich das noch gar nicht gesehen", sagte nachdenklich der Besucher.

„Und außerdem", fuhr der blinde Gärtner lächelnd fort, „Leute kommen vorbei, freuen sich, bleiben stehen und halten einen kleinen Schwatz mit mir, ebenso wie Sie es gerade tun. Ich meine, das bedeutet eine ganze Menge für einen Menschen, der blind ist."

135. Elixier

Gautama Buddha erzählt in einem Sutra seinen Jüngern diese Geschichte:

„Ein Mann wanderte alleine durch das weite Land, als er hinter sich einen hungrigen Tiger bemerkte. Der Wanderer versuchte, dem Tiger zu entkommen und rannte los, so schnell, wie er noch nie in seinem Leben gelaufen war. Da kam er an eine Schlucht, über die keine Brücke führte. Schon konnte er die Gier in den Augen des heranjagenden Tigers erkennen, da blieb ihm nur die Schlucht als Ausweg. Sich an der Wurzel des wilden Weins festhaltend, schwang er sich über den Rand der Schlucht. Weiter hinabklettern konnte er nicht, da die Felswand keinerlei Halt bot und unten schon ein anderer Tiger auf die Beute wartete, die ihm zufallen würde. Von oben stieß ihm der wütende Tiger seinen stinkenden Atem ins Gesicht.

So hing er an der Wurzel des Weines zwischen Leben und Tod. Zwei Mäuse kamen aus ihrem Versteck hervor. Sie fingen an, die Weinwurzeln zu zernagen. In seiner Not sah der Mann sich um und sah eine rote, süße Erdbeere nur eine Armeslänge entfernt am Schluchtrand wachsen.

Mit einer Hand hielt der Mann sich fest, mit der anderen pflückte er die Erdbeere.

Nie aß er eine, die köstlicher schmeckte."

136. Erstaunen

In einer klaren Nacht betrachtet ein Weiser den funkelnden Sternenhimmel und ruft voller Begeisterung: „O Gott, wenn schon das Dach deines Gefängnisses so schön ist, wie herrlich muß dann erst das Dach des Paradieses sein!"

137. Bitternis

Ein Schüler beklagte sich beim Meister über das Unheil, das ihm widerfahren war.

„Du magst es jetzt vielleicht nicht glauben wollen", sagte der Meister, „aber die Widrigkeit, die du jetzt beklagst, kann auch dein Glück sein, wenn du dir den Diener aus der folgenden Geschichte zum Vorbild nimmst:

Ein mächtiger König gab einem seiner Diener eine seltene Frucht zu kosten. Der Diener probierte sie, zögerte und sagte dann, daß er in seinem ganzen Leben noch keine so köstliche Frucht gegessen hätte.

Nun war der König neugierig, nahm aus der goldenen Schale eine Frucht von derselben Sorte und probierte sie. Doch kaum hatte er hineingebissen, da verzog er angewidert das Gesicht. ‚Wolltest du mich zum Narren halten?' schrie er seinen Diener an.

‚Nichts lag mir ferner als das', entgegnete der Diener. ‚Doch habe ich schon so viele Wohltaten aus Eurer Hand erhalten, daß es mir nicht angebracht erschien, mich wegen ein wenig Bitternis zu beklagen.'

Erstaunt und erfreut über diese Antwort seines Dieners beschenkte der König ihn reichlich."

138. Wiederverwertung

Vor langer, langer Zeit, als die große Kathedrale gebaut wurde, kam ein unbekannter Handwerker zum Meister der Bauhütte und fragte, ob er seine Handwerkskunst einsetzen dürfe. Steinmetze hätten sie genug, sagte der Baumeister und wollte den Fremden abweisen. Er wolle doch keine Steine behauen, sage der Fremde, sondern er bitte um die Erlaubnis, eines der bunten Glasfenster gestalten zu dürfen. Wenn es sein müsse, zur Probe, sogar ohne Bezahlung.

Da willigte der Baumeister ein, auch wenn er vermutete, daß man am Ende das Glas des Fremden wieder werde ausbrechen müssen, um die Arbeit von einem Fachmann ausführen zu lassen.

In den folgenden Wochen kümmerte sich niemand mehr um den fremden Handwerker. Monatelang arbeitete er in einem provisorischen Verschlag, bis sein Fenster fertig war.

Dann kam der Tag, der ans Licht brachte, was so lange im Verborgenen geschaffen worden war: ein Kirchenfenster von unbeschreiblicher Schönheit, mit solch glühenden Farben, wie es niemand je zuvor gesehen hatte, prächtiger als alle anderen Fenster der Kathedrale. So einzigartig war das Fenster in seiner Leuchtkraft, daß Menschen von nah und fern kamen, um es anzuschauen.

„Aber woher hast du all das wunderbare, leuchtende Glas?" fragte der erstaunte und zugleich begeisterte Baumeister den Handwerker. Und der Fremde sagte: „Ach, ich fand hier und da ein Stück in der Nähe der anderen Werkstätten. Das Fenster ist gemacht aus den Glasresten, die von den anderen als unbrauchbar weggeworfen wurden."

139. Danken

Der Meister versäumte es nie, Gott zu danken, gleichgültig wie gut oder schlecht die Zeiten auch sein mochten.

Eines Tages, als ein wilder Sturm die Bäume schüttelte und der Regen sich wie aus Kübeln über die Gemeinde ergoß, rätselten die Schüler, was ihn bei diesem schrecklichen Wetter zu freudigen Dankesworten veranlassen könnte.

„O Gott", sagte der Meister, „heute ist hier ein wirklich unangenehmer Tag. Aber wir danken dir, Gott, daß nicht jeder Tag so schrecklich ist."

140. Rezept

„Wie schaffen Sie das nur, immer so freundlich, ausgeglichen und zufrieden zu sein?" fragte die Reporterin den Mann, von dem die Öffentlichkeit wußte, daß ihn das Schicksal nicht gerade verwöhnt hatte.

„Das ist kein Geheimnis", antwortete der Mann. „Ich habe es nur sehr rasch gelernt, mit dem Unabwendbaren zu kooperieren."

141. Eigenleistung

Zwei Schüler gingen durch den Wald und sprachen über das Vertrauen, in Gott geborgen zu sein. Plötzlich hörten sie ein Rascheln im Gebüsch und erblickten einen Tiger.

„Nur keine Sorge", sagte der eine Schüler. „Der Allmächtige wird uns sicher beschützen."

„Nein, Bruder", sagte der andere Schüler, „laß uns davonrennen, so schnell wir können. Warum sollten wir Gott für etwas bemühen, was wir durch eigene Anstrengung erreichen können?"

142. Unbeschwert

Ein mächtiger Herrscher suchte nach einem vertrauens-
würdigen Mann, dem er das gesamte Steuerwesen seines
Reiches übertragen wollte. Er fragte alle seine Minister um
Rat, doch niemand konnte die rechte Empfehlung geben.
Schließlich erfuhr auch sein alter Lehrer vom Wunsch des
Herrschers, und da er wußte, daß der Herrscher seine Menschenkenntnis zu schätzen wußte, sagte er zu ihm: „Wenn du
genau das tun willst, was ich dir rate, dann wirst du den richtigen Mann für diese schwierige Aufgabe finden."

Der Herrscher sicherte ihm seine ganze Unterstützung zu.
Und so wurden Boten in die Städte und Dörfer aller Landes-
teile ausgesandt und der Wunsch des Herrschers kundgetan.

Alsbald meldeten sich einige hundert junge Männer im
Palast. Der Lehrer unterzog sie strengen Prüfungen und
wählte aus der großen Zahl hundert Männer aus, die er dem
Herrscher vorstellen wollte.

Die hundert Auserwählten wurden nach dem Bade in
prunkvolle Kleider gehüllt und mußten auf dem Weg zur
Audienzhalle durch einen langen, dunklen Korridor gehen.

Strahlend empfing sie die Pracht des versammelten Hof-
staates, in dessen Mitte der Herrscher thronte. Der alte Lehrer
erhob sich, ging auf die Auserwählten zu und sagte: „Der
Herrscher wünscht, daß ihr für ihn tanzt!"

Schon hatte das Palastorchester die ersten Takte gespielt,
doch neunundneunzig Auserwählte rührten sich nicht von
der Stelle. Nur einer tanzte leichtfüßig zu den Klängen der
Musik, die anderen standen mit hochroten Köpfen wie
erstarrt.

Der Lehrer wies auf den Tänzer, verneigte sich vor seinem Herrscher und sagte: "Das ist der Mann, den du suchst."

Verwundert fragte der Herrscher, wie er sich dessen sicher sein könne.

"Ich habe die Fähigkeiten aller Männer, die sich auf den Aufruf hin gemeldet haben, sorgfältig geprüft. Von denen habe ich hundert mit dem größten Wissen ausgewählt. Über ihre Kenntnisse wußte ich nun Bescheid, nicht aber über ihren Charakter. Darum ließ ich sie in prächtige Gewänder mit weiten Taschen hüllen und durch einen dunklen Gang gehen, in dem überall goldgefüllte Truhen und Gefäße voller Edelsteine zum Zugreifen einluden. Und wie du erraten kannst, haben alle, die nicht tanzen können, sich reichlich an deinen Schätzen bedient. Und ihre mit Gold und Diamanten gefüllten Taschen sind jetzt so schwer, daß sie kaum laufen können. Nur der eine nicht, der tanzen kann. Er ist für das Amt der rechte Mann."

VII. Wesentliches erkennen

143. Still werden

Der Meister verlangte von vier temperamentvollen Schülern, daß sie lernen sollten, ihre Zungen zu hüten. Er verordnete ihnen eine mehrtägige Meditationsübung mit absoluter Schweigepflicht.

Am ersten Tag sprach keiner. Schweigend nahmen sie ihre Mahlzeiten ein, schweigend versenkten sie sich in ihre Meditation, schweigend legten sie sich zum Schlafe nieder. Auch den zweiten Tag ihrer strengen Übung begannen sie schweigend. Doch absichtlich oder nicht: Der Hausdiener vergaß, einem Schüler den Tee einzugießen.

„He, wo bleibt mein Tee!" rief der Schüler ihm nach.

„Jetzt hast du dein Schweigen gebrochen!" lachte schadenfroh der zweite Schüler.

„Ihr Dummköpfe, wir wollten doch schweigen", ermahnte sie der dritte Schüler.

„Ich bin der einzige, der nichts gesagt hat", behauptete selbstzufrieden der vierte Schüler.

144. Nur bei mir

An einem grauen Wintertag langweilte sich der Besitzer eines schönen Gartens. Er beschloß, seinen Nachbarn, der ein großer Bücherfreund war und eine umfangreiche Bibliothek besaß, zu bitten, ihm ein Buch zu leihen.

Er besitze das gewünschte Buch, sagte der Bücherfreund, doch er verleihe grundsätzlich keine Bücher. Statt dessen schlug er dem Nachbarn vor, das Buch in *seiner* Bibliothek zu lesen.

Das Frühjahr kam, und damit fing auch die Gartenarbeit wieder an. Als es an der Zeit war, den Rasen zu schneiden, bat der Bücherfreund seinen Nachbarn, ihm doch den Rasenmäher auszuleihen, da sein eigenes Gerät defekt sei.

Den Rasenmäher könne er schon haben, sagte der Nachbar zum Bücherfreund, aber da er Rasenmäher grundsätzlich nicht ausleihe, möchte er ihn bitten, den Rasenmäher doch in *seinem* Garten zu benutzen.

145. Geduld

*E*in Mann, der in eine ferne Stadt fuhr, um seine erste Stelle als Lehrer anzutreten, wurde von seinem Freund verabschiedet.

„Wenn du jetzt bald vor deiner Klasse stehen wirst, dann bedenke stets, was du im Umgang mit Schülern niemals vergessen darfst: Du mußt Geduld haben!" riet ihm sein Freund.

Der junge Lehrer versprach, den Rat zu beherzigen. Im Laufe des Gesprächs wiederholte der Freund seinen Rat noch dreimal. Als er jedoch ansetzte, seinen Rat, niemals die Geduld zu verlieren, zum vierten Mal mit Nachdruck zu empfehlen, rief der Lehrer verärgert: „Was nervst du mich mit deinem lächerlichen Ratschlag! Meinst du, ich hätte ihn beim ersten Mal nicht verstanden? Es ist doch absolut selbstverständlich, daß man im Umgang mit anderen Geduld üben muß!"

„Warum tust du es dann nicht?" seufzte der Freund.

146. Nutzlos

*E*in junger Mann aus reichem Hause konnte sich lange für keine Berufsausbildung entscheiden. Händler zu werden war ihm nicht fein genug. Beamter wollte er auch nicht werden, um sich nicht vor Höhergestellten beugen zu müssen. Endlich entschloß er sich, bei dem berühmtesten Meister des Landes in die Lehre zu gehen, um die hohe Kunst des Drachentötens zu erlernen. Sieben Jahre dauerte die Ausbildung, und sie kostete ihn fast sein gesamtes Vermögen.

Er erhielt ein prächtiges Diplom. Einen Drachen bekam er aber nie zu Gesicht, und darum war er auch niemals in der Lage, seine Kunst auszuüben.

147. Davongekommen

Zwei Jäger sahen die Wildgänse am Himmel nach Norden ziehen. Ein Jäger legte eine Patrone ein und sagte: „Wenn ich eine Gans treffe, werde ich sie kochen, und wir werden ein gutes Essen haben."

„Du willst mir doch nicht ernsthaft vorschlagen, gekochte Wildgans zu essen! Wildgans muß gebraten werden, sonst schmeckt sie nicht!" entgegnete der andere Jäger.

So diskutierten sie eine Zeitlang, ob Kochen oder Braten besser wäre. Endlich einigten sie sich auf einen klassischen Kompromiß: die eine Hälfte zu braten und die andere Hälfte zu kochen.

Nur die Wildgänse haben nicht auf das Ende des Streites gewartet und sind weitergeflogen.

148. Unbekannt

Der Meister ruhte sich jeden Mittag ein wenig aus. Im Schlafe besuche er die alten Weisen, sagte er und berichtete zur Unterweisung, was er von ihnen erfahren hatte.

Der Lehrer wollte es ihm gleichtun, und auch er pflegte darum ein Mittagsschläfchen zu halten. Er erklärte seinen Schülern, daß er ins Traumland gehe, um wie der Meister den alten Weisen zu begegnen.

Eines schönen Sommertages war es sehr warm geworden, und auch die Schüler fielen ermattet in den Mittagsschlaf, statt ihren Pflichten nachzukommen.

Der Lehrer schimpfte sie aus, weil sie ihre Aufgaben vernachlässigt hatten.

„Aber wir sind doch nur wie Ihr ins Traumland gegangen, um die Worte der alten Weisen zu hören", erwiderte ein Schüler.

„Und was haben die alten Weisen euch gesagt?" fragte der Lehrer mit deutlichem Spott in der Stimme.

„Als wir im Traumland waren, fragte einer von den alten Weisen, wo wir herkämen. Wir nannten ihm den Namen unserer Schule, der ihnen doch bekannt sein müsse, da unser Lehrer schließlich jeden Nachmittag zu ihnen käme. Da sagten sie, daß sie unseren Meister kennen würden, unseren Lehrer allerdings noch nie gesehen hätten."

149. Billig

Der ältere von zwei Brüdern überließ seinem jüngeren Bruder die ererbte kleine Landwirtschaft und ging zu einem Meister, um den Pfad der Erleuchtung zu beschreiten.

Nach sieben Jahren kehrte er in sein Dorf zurück und besuchte seinen kleinen Bruder. „Verzeih mir meine Neugierde, großer Bruder", sagte dieser, „aber bitte sage mir, was hast du erreicht in all den Jahren, die du von uns fort warst? Bist du deinem großen Ziel ein wenig nähergekommen?"

„Komm mit zum Fluß", sagte der ältere Bruder. „Ich werde dir etwas zeigen."

Am Ufer des Flusses versenkte er sich in ein kurzes Gebet, und dann ging er über den Fluß bis ans andere Ufer.

Als der jüngere Bruder aus seiner staunenden Bewunderung erwachte, gab er dem Fährmann ein paar Pfennige und ließ sich ans andere Ufer übersetzen.

„Das war wirklich großartig", sagte er. „Aber ich will es noch nicht glauben, großer Bruder, daß all die Jahre strenger Abtötung weltlicher Einflüsse und Meditation der heiligen Schriften dir nichts weiter eingebracht haben sollen als dieses Kunststück, das nur ein paar Pfennige wert ist."

150. Genug

*E*in Feldherr hat in vielen Eroberungszügen die Grenzen seines Reiches immer weiter ausgedehnt, bis es an das Land des mächtigsten Herrschers stößt. Der lädt den Eroberer zu einem prächtigen Staatsbankett ein.

Statt saftiger Braten und köstlicher Früchte läßt er dem Gast eine goldene Schale voller Perlen und kostbarster Edelsteine servieren.

„Aber Perlen und Edelsteine kann man doch nicht essen!" ruft erstaunt der Feldherr aus.

„Das verwundert mich", entgegnet der Gastgeber. „Ißt man denn in deinem Land keine Juwelen?"

„Ich esse nur zwei Brote am Tag, und das auch nicht immer. Für mich ist es jedenfalls genug", antwortet der Feldherr.

„Wenn das stimmt, was du sagst, woran ich keinerlei Zweifel habe", überlegt der Herrscher, „dann müßten die zwei Brote doch auch in deiner Heimat zu finden sein. Warum also bist du ausgezogen, um so viele Länder zu unterwerfen?"

151. Einfache Fragen

Der Meister fragt einen Mächtigen: „Was ist dir lieber: Die Sünde oder das Gold?"

„Das Gold ist mir lieber", antwortet der Mächtige.

„Warum nimmst du dann die Sünde mit dir ins Jenseits und läßt das Gold zurück?"

152. Nichts für nichts

Ein Kind fragt einen Verkäufer, ob er Eiscreme und Schokolade habe.

„Natürlich habe ich Eiscreme und Schokolade", sagt der Verkäufer, „jede Menge sogar."

„Und was machst du mit der vielen Eiscreme und der vielen Schokolade?" fragt das Kind. „Würdest du mir vielleicht ein klein wenig davon umsonst geben?"

„Nein, auf gar keinen Fall. Weißt du denn nicht, daß man für nichts immer nur nichts bekommt? Da warte ich doch lieber, daß ein Käufer kommt, der auch bezahlt", antwortet der Händler.

Nachdenklich fragt das Kind: „Warum ißt du denn nicht selber alles auf? Kannst du durch den Verkauf noch etwas Schöneres bekommen?"

153. Vertrauen

Zwei Freundinnen waren in die Stadt gefahren, um in einem großen Kaufhaus Besorgungen zu machen. Nach ihrem Einkauf kamen sie an einer Boutique vorbei, in deren Schaufenster ein entzückendes Kleid ausgestellt war.

„Von einem solchen Kleid habe ich schon immer geträumt", schwärmte die eine Frau. „Die Gelegenheit darf ich mir nicht entgehen lassen. Du leihst mir doch sicher fünfhundert Mark, denn ich habe nicht mehr genug Geld dabei. Ende des Monats zahle ich es dir zurück."

Und sie hielt ihr Wort: Gleich am nächsten Zahltag gab sie der Freundin das geliehene Geld zurück.

Aber zwei Monate später bat sie ihre Freundin wieder um fünfhundert Mark. Sehr erstaunt war sie, als ihre Bitte abgelehnt wurde. „Ich bin schon einmal auf dich hereingefallen, ein zweites Mal wird mir das nicht passieren", erboste sich die Freundin.

„Ich soll dich hereingelegt haben? Habe ich dir das Geld nicht auf Heller und Pfennig zurückgezahlt, und zwar so pünktlich, wie ich es dir versprochen hatte?"

„Ja, das stimmt schon", sagte die Freundin. „Aber ich habe nie geglaubt, daß du es tun würdest!"

154. Überschätzt

Ein Schüler, der den Pfad der Erleuchtung studierte, glaubte fest an die Macht seines geistigen Lehrers. Einmal kam er an einen Fluß, über den keine Brücke führte und kein Fährmann seine Dienste anbot.

Da konzentrierte sich der Schüler auf seinen verehrten Lehrer und schritt über das Wasser, einfach indem er den Namen seines Meisters aussprach.

Diese Begebenheit kam dem Lehrer zu Gehör. Er überlegte, daß es für ihn, den Meister, doch auch möglich sein müßte, ein Wasser zu überschreiten, wenn es bereits einem einfachen Schüler gelänge, indem er nur den Namen des Meisters ausspricht. „Wenn schon mein Name eine solche Macht hat, dann wird es mir selbst doch erst recht möglich sein, denn wie machtvoll muß ich sein?"

Der Lehrer ging an das Ufer eines Sees. In Erwartung der großen Tat holte er tief Luft, schritt zuversichtlich aufs Wasser zu, rief dabei: „Ich, Ich, Ich!" und ertrank.

155. Egoistisch

Vier Bettler hatten den ganzen Tag an verschiedenen Ecken des kleinen Dorfes ihre Bettelschalen den vorübergehenden Leuten hingehalten. Als der Abend kam, ging ein jeder von ihnen zu der kleinen windschiefen Hütte am Dorfrand, die ihnen als Unterkunft diente. Erschöpft vor Hunger hockten sie um das kleine Feuer, das die Dunkelheit kaum erhellte.

Nun war es an dem Tag so gekommen, daß der erste Bettler nur ein einziges Stückchen Fleisch erhalten hatte. Dem zweiten Bettler war etwas Gemüse in seine Schale gegeben worden. Der dritte Bettler hatte ein paar Gewürze bekommen, und der vierte Bettler hatte einige Handvoll Reis in seiner Schale.

Da saßen die Bettler nun im Zwielicht ihrer Hütte, murrten wegen der geringen Gaben, redeten hin und her, bis einer von ihnen vorschlug, wenn jeder von ihnen seine Gabe in den Topf mit kochendem Wasser gäbe, dann hätten sie in kurzer Zeit eine feine Suppe, die jeden von ihnen satt machen würde.

Der Vorschlag wurde begeistert aufgenommen. Das Wasser wurde geholt und der Topf über die Feuerstelle gehängt. Dann saßen sie wieder um das Feuer herum, ein jeder in Erwartung einer köstlichen heißen Suppe.

Dem ersten Bettler kam der Gedanke, daß wenn die anderen Reis, Gemüse und Gewürze in den Topf gäben, doch für ihn selbst eigentlich keine Notwendigkeit bestünde, auch noch sein kleines Stück Fleisch dazuzugeben. Darum wollte er, wenn das Wasser zu kochen begänne, zwar so tun, als ob er das Fleisch in den Topf gäbe und nachher auch bestätigen, was das doch für eine kräftige Suppe sei. Sein Stückchen Fleisch wolle er aber doch für sich behalten.

Als das Wasser kochte, tat er so, als gäbe er sein Fleischstückchen ins Wasser, und der zweite Bettler tat es ebenso mit seinem Gemüse, der dritte mit seinen Gewürzen und der vierte mit seinem Reis, und jeder bestätigte, daß er all sein Hab und Gut für diese köstliche Suppe gespendet hätte.

Im Dorf erzählt man, daß es in dieser Nacht ein großes Geschrei und einen heftigen Streit in der Hütte der Bettler gegeben habe, als sie den Topf vom Feuer nahmen und feststellten, daß nichts darin war als heißes Wasser.

156. Aufnahmebereitschaft

Ein Einheimischer und ein Einwanderer aus einem fernen Land gerieten in ein heftiges Wortgefecht über richtiges Verhalten. Das Café, in dem sie saßen, wollte schließen, und darum sagte der Fremde: „Komme mit zu mir, dann können wir unsere Diskussion fortsetzen."

Dem Einheimischen fiel es nicht ganz leicht, seine unausgesprochenen Bedenken gegen diese Einladung zurückzustellen, doch er ging mit.

Der Fremde servierte Tee und goß das Glas seines Gastes voll. Doch er hörte nicht auf zu gießen.

Der Einheimische wunderte sich und rief: „Hör' doch auf zu gießen. Es läuft alles über, mehr geht nicht rein!"

„Du bist wie dieses Glas Tee", sagte der Einwanderer. „Du bist bis zum Rand gefüllt mit Selbstgerechtigkeit und Vorurteilen. Was soll ich dir von anderen Kulturen und Wertvorstellungen erzählen, bevor du dein Glas nicht geleert hast?"

157. Ausdauer

*E*in amerikanischer Millionär bewunderte den prächtigen Rasen eines Gärtners in Oxford.

„Einen herrlichen Rasen haben Sie. Ich bin ganz versessen darauf, auch so einen Rasen bei mir in Chicago zu haben. Können Sie mir einen Tip geben?"

Der alte Gärtner schaute lächelnd zu ihm und sagte: „Sie brauchen etwas von unserer guten Muttererde."

„Kein Problem", sagte der Reiche. „Ich gebe Anweisung, gleich ein paar hundert Tonnen davon zu verschiffen."

„Und natürlich unseren guten Rasensamen", sagte der Gärtner.

„Natürlich", sagte der Millionär. „Lasse ich kaufen."

„Dann müssen Sie dafür sorgen, daß der Boden sehr gleichmäßig verteilt und gut gewässert wird", erklärte der Gärtner. „Wenn die Saat ausgebracht ist, muß der Boden gewalzt werden. Dann braucht er einen guten Schnitt. Danach muß geschnitten und gewalzt werden, im Frühling und im Sommer. Unkraut ist zu entfernen. Der Boden muß gelüftet und gewalzt werden. Und dann wieder geschnitten. Immer so weiter."

„Und wie lange muß man das machen, das Schneiden, Lüften und Walzen?" fragte der Amerikaner.

„Naja", sagte der Gärtner bedächtig, „wenn Sie einen wirklich erstklassigen Rasen haben wollen, so an die zweihundert Jahre werden reichen."

158. Bedeutung

*E*in Maler aus dem Volk der Chicksaw-Indianer erschien in traditioneller Stammeskleidung zur Eröffnung der Ausstellung seiner Bilder. Um den Hals trug er eine beeindruckende Kette aus Zähnen.

Eine der kunstinteressierten Damen fragte ihn, was das für Zähne seien, die er da um den Hals trage, und der Indianer sagte ihr, daß die Kette aus den Zähnen von Alligatoren gemacht sei.

„Ich vermute", sagte die Dame, „daß Ihnen die Kette soviel bedeutet, wie unsereins eine Kette aus Perlen."

„Nicht ganz", entgegnete der Indianer, „denn es ist für einen Mann keine große Sache, Perlen aus einer Austernmuschel zu nehmen."

159. Selbstverleugnung

„Übertriebenes Selbstvertrauen ist genau so schädlich wie falsch verstandene Selbstverleugnung", sagte der Meister und erzählte dazu die Geschichte von dem Mann, der sich neue Schuhe kaufen wollte.

Der Mann legte ein Blatt Papier auf den Schemel, stellte seinen Fuß aufs Papier, nahm einen Bleistift und zeichnete den Umriß nach, erst den linken, dann den rechten Fuß.

Als er zum Markte kam, auf dem Schuhe angeboten wurden, stellte er fest, daß er seine Zettel mit den Maßen auf dem Schemel liegengelassen hatte. Unverzüglich eilte er zurück, um seine Maße zu holen. Als er jedoch wieder auf dem Markte ankam, mußte er feststellen, daß alle Schuhe verkauft waren und der Händler gerade seinen Stand abbaute.

„Warum hast du dir denn die Schuhe nicht gleich hier angepaßt und bist erst wieder zurückgelaufen?" fragte der erstaunte Händler.

„Nun darum", sagte der Mann, „weil ich dem Zettel mit den Maßen mehr vertraue!"

160. Gleichgestellt

Der Inhaber einer großen Fabrik wunderte sich, warum einer seiner Arbeiter es ihm gegenüber immer an der nötigen Ehrerbietung vermissen ließ. Während alle seine Angestellten und Arbeiter jedesmal, wenn er in ihre Nähe kam, sofort ihr Gespräch oder ihre Tätigkeit unterbrachen und sich tiefster Verbeugungen befleißigten, setzte dieser eine Arbeiter unbekümmert seine Tätigkeit fort und grüßte höchstens mit einem leichten Nicken.

Eines Tages sprach der Fabrikbesitzer ihn an. „Sagen Sie mal: Ich bin Ihr Arbeitgeber. Ich bin reich, Sie sind arm, warum ehren Sie mich nicht?"

„Sie sind reich, haben viel Geld und geben mir für meine Arbeit kaum etwas davon ab. Warum sollte ich Sie ehren?" erwiderte der Arbeiter.

„Und wenn ich Ihnen den vierten Teil meines Vermögens geben würde, würden Sie mich dann ehren?" fragte der Fabrikbesitzer.

„Warum sollte ich Sie ehren, denn das wäre immer noch nicht gerecht geteilt?" entgegnete der Arbeiter.

„Nehmen wir mal an, ich würde Ihnen die Hälfte geben."

„Na, dann wären wir gleichgestellt – warum sollte ich Sie dann ehren?"

„Aber wenn ich Ihnen mein ganzes Vermögen geben würde, dann würden Sie mir ganz sicher die Ehre erweisen!"

„Wenn ich Ihr ganzes Geld hätte, hätte ich es doch ganz gewiß nicht nötig, Ihnen mit Ehrerbietung zu begegnen."

161. Verkannt

*T*alent ist nur eine Voraussetzung und nicht schon die Meisterschaft selbst", sagte der Meister und erzählte die Geschichte vom Raben.

Der Rabe hielt sich für einen hervorragenden Sänger. Aber immer, wenn er seine Stimme erhob und lauthals erschallen ließ, bekam er Ärger mit den Leuten, die ihn entweder beschimpften oder ihm zuriefen, er möge endlich den Schnabel halten. So hatte der Rabe sich seine Karriere nicht vorgestellt. Lautstark verkündete er allen seinen Bekannten, daß er dieser Stadt, in der niemand echtes Talent zu schätzen wisse, den Rücken kehren werde.

„Wo willst du denn hin?" fragte die Lerche, die als Sängerin beim Publikum sehr beliebt war.

„Ich gehe in die Hauptstadt. Da gibt es das aufgeschlossenste Publikum. Die Leute hier mögen meine Art zu singen überhaupt nicht", antwortete der Rabe.

„Vielleicht solltest du deinen Stil ändern und es erst zur Meisterschaft im Einsatz deiner Stimme bringen", empfahl die Lerche. „Ich wüßte nicht, warum dich die Leute in der Hauptstadt sonst mehr mögen sollten, als die Leute hier."

162. Wofür man kämpft

Während des letzten Krieges beanspruchten einige Offiziere, in einem Kloster Quartier zu nehmen. Als ihnen das gleiche karge Essen aufgetragen wurde, das die Mönche zu essen pflegten, meinte einer der Offiziere, sich empören zu müssen. Er war der Ansicht, die bevorzugte Behandlung, die sie gewohnt waren, auch hier erwarten zu können.

„Was glaubt ihr eigentlich, wen ihr vor euch habt?" rief er zornentbrannt. „Wir sind Soldaten. Wir opfern unseren Leib und unser Leben für unser Land, damit ihr und der Rest der Bevölkerung in Frieden leben könnt. Also behandelt uns gefälligst besser."

„Und wofür haltet ihr uns?", fragte der Abt mit leiser Stimme. „Wir sind auch Soldaten. Aber wir sind Soldaten der Menschenliebe. Und im Gegensatz zu euch ist es unsere Aufgabe, alle Lebewesen zu retten. Warum sollten wir euch also besser behandeln als uns selber?"

VIII. Erstaunliches entdecken

163. Goldfinger

Ein armer Mann hauste mit seiner Familie in einer kleinen Waldhütte. Sein kärgliches Brot verdiente er sich als Holzsammler. Er band das Holz zu Bündeln und verkaufte es in den nahegelegenen Dörfern.

Eines Tages war er tief in den Wald eingedrungen, als er die Schreie eines Tieres in höchster Not vernahm. Er eilte hinzu und fand ein Reh, das mit einem Bein in eine schmale Felsspalte geraten war, aus der es sich nicht befreien konnte.

Der arme Mann dachte sich, daß ihm das Reh vom Himmel geschickt sei, denn wenn er es nun erlegen würde, hätte der Hunger in seiner Familie für lange Zeit ein Ende. Aber er brachte es nicht über sich, das hilflose Reh zu töten. Statt dessen befreite er behutsam den Lauf des Rehes aus der Felsspalte, und rasch verschwand das Reh im Wald.

Recht nachdenklich sah der Holzsammler dem Reh nach, als er neben sich eine feine Stimme hörte, die ihn ansprach.

„Ich bin der Geist des Rehes, das du befreit hast. Ich habe deinen Konflikt wohl verstanden, und ich weiß von deiner Armut. Darum will ich mich dir dankbar erweisen."

Der Geist deutete mit dem Finger auf einen großen Stein, der sich sofort in Gold verwandelte. Den schenkte er dem Holzsammler. Der schüttelte nur den Kopf.

„Gut, du sollst noch einen Goldklumpen haben", sagte der Geist. Er deutete mit einem Finger auf einen anderen, noch größeren Stein, der sich auch sofort in Gold verwandelte. Doch wieder schüttelte der arme Mann den Kopf.

„Bist du denn noch immer nicht zufrieden?" fragte der Geist. „So viel Gold hat nicht einmal der König in seiner Schatzkammer. Was willst du denn noch mehr?"

„Deinen Finger möchte ich haben", sagte der arme Mann.

164. Schwer erträglich

In einem Dorf lebte ein Mann, der als der stärkste Athlet seiner Zeit galt. Kein anderer Mann übertraf ihn an Körperkraft, niemand war wie er in der Lage, zwei Ochsen, die in entgegengesetzte Richtungen zogen, mit der Kraft seiner Arme zusammenzuhalten und niemand konnte so schwere Gewichte heben wie er.

Eines Tages waren die Dorfbewohner sehr verwundert, als sie ihren Helden schäumend vor Wut auf dem Marktplatz trafen. Ein Fremder, der hinzutrat, fragte einen Einheimischen, warum ihr berühmter Athlet denn so außer sich sei.

„Ach, er regt sich nur über eine Bemerkung auf, die ihn angeblich beleidigt hat", bekam er zur Antwort.

„Wirklich erstaunlich", meinte der Fremde, „daß so ein kräftiger Mann, der die schwersten Gewichte tragen kann, nicht in der Lage ist, das Gewicht eines unfreundlichen Wortes zu ertragen."

165. Sicherheitshalber

*E*s gibt keine absolute Sicherheit im Leben", sagte der Meister. „Und wer allzu ängstlich um seine Sicherheit besorgt ist, kommt vielleicht gerade dadurch ums Leben, wie die Geschichte von dem ängstlichen Statthalter erzählt:

Ein Statthalter, der sein hohes Amt nur seiner vornehmen Abstammung zu verdanken hatte, galt als ein rechter Hasenfuß. Ständig sah er sich von möglichen Gefahren bedrängt, überall vermutete er Hinterlist und Attentäter. Nur dem Hauptmann seiner persönlichen Leibwache wagte er sich anzuvertrauen.

Der Fürst des Nachbarlandes sah in der Schwäche des Statthalters seinen Vorteil. Wenn er ihn besiegen oder vertreiben würde, könnte er beide Gebiete zusammenlegen und zu seinem Vorteil verwalten, seine Macht und sein Einfluß bei Hofe würden mit der Größe seines Bezirkes steigen. Also rüstete er zum Kampf.

Als der Statthalter die Nachricht erhielt, daß das Heer des Nachbarlandes gegen seine Burg marschierte, zog er alle seine Soldaten zur Verteidigung zusammen, ließ die Zugbrücke hochziehen und die Wehranlagen bemannen. Er selbst verriegelte und verschloß die starke eichene Tür zu seinem Gemach.

Bald hatten die Feinde die Burgmauern gestürmt und drangen weiter vor. Der Hauptmann der Leibwache überbrachte dem ängstlich zitternden Statthalter die schlechten Nachrichten. Rasch stieg der Statthalter in eine eichene Truhe, die mit starken Eisen beschlagen war, und verlangte von seinem Hauptmann: ‚Schließe die Truhe gut von außen ab. Verstecke sie im hintersten Winkel meines Gemachs. Schließe dann auch die Eingangstüre sicher von außen zu und verstecke die Schlüssel, daß der Feind sie nicht bei dir finden möge.'

Der treue Hauptmann führte alle Befehle seines ängstlichen Herrn sorgfältig aus. Dann wehrte er sich heftig gegen den anstürmenden Feind und fiel im Kampfe. Die Schlüssel wurden zufällig Jahre später entdeckt."

166. *Erleuchtung*

"Manch einer zündet die Lampe an, um die Sonne zu sehen", sagte der Meister und erzählte von der Frau, die ihren Mann bat, er möge doch die Streichhölzer nehmen und die Kerze anzünden. Als nichts passierte, wiederholte sie laut rufend ihren Wunsch.

"Es ist so dunkel, daß ich die Streichhölzer nicht finden kann!" entgegnete ihr Mann. Nach einer Weile rief er: "Zünde du doch die Kerze an, dann werde ich die Streichhölzer sicher finden."

167. Gründlich

Ein Anwalt wollte sich einen Esel kaufen, um seine Klienten besuchen zu können, die in einem großen Umkreis wohnten. Er ging zum Markt, fand nach einigem Suchen ein Tier, das seinen Vorstellungen entsprach, und wurde mit dem Verkäufer handelseinig. Doch statt den Verkauf wie üblich mit einem Handschlag zu besiegeln, setzte sich der Anwalt auf eine Kiste, zog einen Stapel weißer Blätter hervor und begann eifrig zu schreiben. Vier Seiten hatte er schon eng beschrieben, doch der ungeduldige Verkäufer hatte das Wort „Esel" immer noch nicht in dem ungewöhnlichen Kaufvertrag entdecken können.

„Warum schreibst du nicht einfach: Beide, ich und du, sind wir unseren Verpflichtungen nachgekommen. Der Kaufpreis ist einvernehmlich ausgehandelt. Ich habe dein Geld erhalten und du meinen Esel. Gekauft wie gesehen. Was schreibst du denn nur so viel zu einer ganz einfachen Sache?" drängte der Verkäufer.

„Nur ein klein wenig Geduld", erwiderte der Anwalt, „zum Esel komme ich gleich."

168. Zufrieden

Ein reicher Bauer kümmerte sich sehr um seinen Hof und seine Felder, seine Knechte und seine Tiere. Nach zwei Schlechtwetterperioden und mageren Ernten mußten alle den Gürtel enger schnallen. Der Bauer versammelte die Mägde und Knechte um sich und sagte:

„Nach den guten Jahren müssen wir jetzt alle etwas kürzer treten. Darum habe ich beschlossen, daß ihr ab jetzt jeden Morgen nur noch zwei Laibe Brot und zwei Kannen Kaffee erhaltet. Abends bekommt ihr drei Brote und drei Kannen Wein."

Da fingen sie an zu murren: Es sei nicht gerecht, daß sie bei ihrer schweren Arbeit plötzlich mit so wenig auskommen sollten, wo sie doch immer so viel essen und trinken konnten, wie es ein jeder gebraucht habe.

Um jeden Aufruhr zu vermeiden und das gute Einvernehmen mit den Angestellten wieder herzustellen sagte der Bauer: „Nun gut, auch wenn es mir in diesen Zeiten schwerfällt, so sollt ihr morgens drei Brote und drei Kannen Kaffee und abends zwei Brote und zwei Kannen Wein erhalten. Damit solltet ihr aber wirklich zufrieden sein!"

Mit der Gewißheit, daß ihr Widerstand den Bauer zu ihrem Vorteil nachgeben ließ, machten sie sich mit großer Befriedigung wieder an die Arbeit.

169. Fallengelassen

Es war die große Leidenschaft eines Herrschers, prächtige Bauten errichten zu lassen, die dem Gemeinwohl dienen sollten. Damit wollte er der Nachwelt Zeugnis von der glücklichen Epoche seiner Regierungszeit geben.

Eines Tages kam ein Minister, der sich bei ihm einschmeicheln wollte, mit einem großartigen Vorschlag zu ihm. „Exzellenz", sagte der Minister mit tiefer Verbeugung, „erlaubt mir, einen Vorschlag unterbreiten zu dürfen, der Euren Ruhm mehren, das Gemeinwohl bereichern und die Arbeitslosigkeit abschaffen wird."

Mit einer Geste forderte der Herrscher ihn auf, seinen genialen Plan darzulegen.

„Laßt den großen See trockenlegen, und Ihr werdet fruchtbares Land dazugewinnen, so groß wie eine ganze Provinz."

Der Herrscher war begeistert. „Eine sehr gute Idee, absolut brillant! Doch sage mir: Wohin mit der riesigen Menge des Seewassers?"

„Nichts leichter als das", sagte der Minister. „Laßt gleich neben dem heutigen See ein gleichgroßes Seebecken graben, und das Problem ist gelöst."

Der Herrscher ließ nicht nur den Plan, sondern auch seinen Minister fallen.

170. Gehörnt

*N*ach getaner Arbeit und dem reichlichen Abendessen war noch eine Flasche Wein übrig. Für jeden der Erntehelfer, die um den langen Tisch versammelt waren, hätte sich wohl nur ein winziger Schluck ergeben, wenn ihr Inhalt verteilt worden wäre. Darum sagte der Bauer: „Wer am schnellsten eine Hirschkuh zeichnen kann, der gewinnt die ganze Flasche."

Ein Student aus der Stadt hielt sich im Zeichnen für unschlagbar. Die Leute vom Land hatten ihn ohnehin den ganzen Tag gehänselt, weil er, der mit der Feldarbeit ein wenig Geld für sein Studium verdienen mußte, sich dabei nicht immer sehr geschickt angestellt hatte. Schnell ritzte er mit einem Stock den Umriß einer Hirschkuh in den Sand und langte mit der Linken schon nach der Flasche Wein. Aber da alle anderen noch fleißig zeichneten, ritzte er seiner Hirschkuh noch ein schönes Geweih auf den Kopf.

Inzwischen war aber noch jemand mit seiner Zeichnung fertiggeworden, nahm ihm flugs die Flasche weg und rief unter dem lauten Gelächter der Umstehenden: „Es gibt leider keine Hirschkühe mit Geweih. Warum verschenkst du den Sieg und malst dem armen Tier Hörner auf den Kopf?"

Er entkorkte die Flasche und genoß den Wein und den Sieg.

171. Schuldfrage

Ein Bauer wollte zwei Körbe mit Äpfeln verkaufen. Er lieh sich den Esel seines Nachbarn aus, lud ihm die Körbe auf und ritt zum Markt in die nahe Stadt. Gegen Mittag hatte er bereits alle seine Äpfel verkauft, und weil er guter Stimmung war, genehmigte er sich ein Gläschen Wein.

Auf dem Weg zurück in sein Dorf überkam ihn eine große Müdigkeit. Er legte sich in den Schatten eines Baumes und schlief ein. Den Esel gelüstete es nach frischem Gras. Sorglos grasend entfernte er sich immer weiter von dem schlafenden Bauern. Darauf hatte der Wolf nur gewartet: Hinter dichten Büschen sprang er den Esel an und fraß ihn auf.

Als der Bauer ohne Esel sein Dorf erreichte, war der Jammer groß. Natürlich verlangte der Nachbar von dem Bauern Schadensersatz. Der Bauer war jedoch der Meinung, ihn träfe keine Schuld, wenn ein Esel fortliefe und sich fressen ließe. Darum gingen die Kontrahenten zum Dorfältesten, der als ein weiser und frommer Mann angesehen war. Er sollte entscheiden, wer für den Schaden aufzukommen habe.

Lange saß der Alte grübelnd da. Nach einer Weile erhellte sich seine Miene, und er verkündete sein weises Urteil: „Offenbar muß der zahlen, der den Wolf frei herumlaufen ließ."

172. Vorausschauend

*E*in Mann, der durch seine erfolgreiche Arbeit zu viel Geld gekommen war, wollte endlich seiner Leidenschaft für alte Bücher nachgeben. Er bat einen Antiquar, ein wertvolles Buch für ihn zu ersteigern.

„Aber das Buch ist nicht so wertvoll wie Sie meinen!" riet ihm der Antiquar ab. „Der Einband ist beschädigt, einige Seiten sind stockfleckig, es fehlen sogar mehrere Holzschnitte, die irgendwann aus dem Werk herausgetrennt wurden."

„Steigern Sie trotzdem mit. Wenn man erfährt, daß ich bereit bin, für dieses Werk eine solch große Summe zu bezahlen, wird man mir bald die wirklich wertvollen Werke anbieten."

Und in der Tat hatte er in kurzer Zeit eine äußerst erlesene Bibliothek aufgebaut, der seine ganze Freude galt und unter Bibliophilen hohes Ansehen genoß.

173. Wirkung

Montags kam der Zivildienstleistende zu der alten Dame. „Guten Morgen", wünschte er fröhlich, „wie geht es Ihnen?"

„Gut. Keine Beschwerden", war die Antwort.

„Dann waren Sie gestern sicherlich außer Haus?" erkundigte sich der Zivi.

„Ja, natürlich. Ich war in der Kirche. Zweimal sogar: morgens im Gottesdienst und abends in der Andacht."

„Na, Sie werden ja eine richtige Heilige werden, wenn Sie so weitermachen. Wie war denn die Predigt?"

„Die Predigt war gut. Der junge Pfarrer predigt immer gut."

„Worüber hat er denn gesprochen?"

„Gesprochen? Da muß ich kurz nachdenken ..."

„Vergessen, nicht wahr?" hänselte der junge Mann.

„Es war eine sehr gute Predigt", entgegnete die alte Dame mit Nachdruck.

„Da bin ich ganz sicher. Und welcher Text wurde in der Abendandacht gelesen?" bohrte der Zivi weiter.

„An den Inhalt kann ich mich jetzt nicht erinnern, aber ich bin mir sicher, der Text war aus dem Johannes-Evangelium. Er fällt mir gleich wieder ein ..."

Amüsiert und mit einer Miene wie ein alter weiser Lehrer schüttelte der junge Mann den Kopf: „Wohl wieder alles vergessen, junge Frau? Ich frage mich, was es für einen Sinn haben soll, zweimal am Sonntag in die Kirche zu laufen und all die frommen Worte bereits am Montag schon wieder vergessen zu haben. Warum machen Sie es sich nicht lieber zu Hause gemütlich und ..."

„Würden Sie mir einen Gefallen tun?" unterbrach die alte Dame ruhig seine Sticheleien. „Nehmen Sie bitte den alten Korb, stellen Sie ihn unter den Wasserhahn und tragen ihn gefüllt hinüber zu den Rosen."

Der junge Mann lachte laut auf. „Damit können Sie mich doch nicht hereinlegen. Ich könnte noch solange warten, es wäre doch kein Tropfen Wasser in dem Korb, wenn ich ihn zu den Rosen bringen wollte."

Die alte Dame lächelte. „Vielleicht haben Sie ja recht", sagte sie sanft. „Vielleicht haben Sie wirklich recht und es bleibt kein Tropfen Wasser im Korb – aber der Korb wäre ein bißchen sauberer."

174. Zielgerichtet

Über Nacht war der erste Schnee gefallen und hüllte die ganze Landschaft unter eine dicke, weiße Decke.

Zwei Jungen wetteiferten miteinander, wer von ihnen wohl in geradester Linie quer über die große Wiese bis zum Schultor gehen könnte.

„Nichts leichter als das!" sagte der eine Junge und schaute auf den Boden, um auch ja sorgsam einen Fuß vor den anderen zu setzen. Doch als er fast die halbe Strecke geschafft hatte und den Kopf hob, stellte er auf seine Spur zurückblickend fest, daß seine Fußstapfen in einer großen Zickzacklinie durch den Schnee führten.

„Mach du es doch erst mal besser!" rief er seinem wartenden Freund zu.

„Nichts leichter als das!" rief er zurück, und das Schultor mit erhobenem Kopf fest in den Blick nehmend, stapfte er drauflos, bis er sein Ziel erreicht hatte. Seine Spur durch den Schnee verlief in einer geraden Linie.

175. Kurzzeittherapie

Eine Frau wurde von schrecklichen Gewissensbissen gequält, weil sie nach langer Zeit ihren Verlobten verlassen hatte und nun mit einem anderen Mann zusammenlebte. Jede Nacht erschien ihr der ehemalige Partner im Traum und machte ihr Vorhaltungen. Auch war er über ihr Verhalten genau informiert. Nacht für Nacht zählte er ihr auf, was sie tagsüber getan hatte, ja er kannte ihre geheimsten Gedanken und spielte sie gnadenlos gegen sie aus. Völlig erschöpft erwachte sie aus solchen Alpträumen. Der Schlafmangel führte zu steigender Nervosität und Konzentrationsschwäche.

Völlig entnervt suchte sie einen Psychotherapeuten auf, dem sie ihr Problem schilderte.

„Da Ihr früherer Verlobter Sie so genau zu kennen scheint, daß er sogar Ihre Gedanken gegen Sie benutzt, werden Sie zu einer kleinen List greifen müssen", empfahl der Therapeut. „Schließen Sie eine Wette mit ihm ab: Da er doch über alles, was Sie betrifft, genau Bescheid weiß, soll er Ihnen eine kleine Frage richtig beantworten. Sichern Sie ihm zu, wenn er das kann, würden Sie Ihr Verhältnis lösen und zu ihm zurückkehren."

Etwas irritiert fragte die Frau, wie die Zauberformel denn laute, die sie von ihren Alpträumen befreien könne.

„Greifen Sie in den Erbsentopf und nehmen Sie eine Handvoll heraus", sagte der Therapeut. „Dann fragen Sie den Quälgeist, wieviele Erbsen Sie in der Hand halten. Wenn er die Frage nicht beantworten kann, wissen Sie, daß der Quälgeist nur eine Erscheinung Ihrer Einbildung ist, und er wird Sie nicht mehr belästigen."

Zum ersten Mal freute sich die Frau auf das Erscheinen ihres früheren Verlobten im Traum. „Da bist du ja, der angeblich alles von mir weiß und mich durch und durch kennt, dem keine Regung meiner Gedanken verborgen geblieben ist", begrüßte sie ihren Quälgeist.

„Natürlich weiß ich alles von dir", sagte das Traumbild. „Ich weiß auch, daß du einen Therapeuten um Rat gefragt hast, weil du alleine nicht mit mir fertig wirst."

„Wenn du so genau über mich Bescheid weißt, dann kannst du mir sicher auch eine kleine Frage richtig beantworten. Wenn du das schaffst, löse ich meine Verbindung und kehre reumütig zu dir zurück."

„Nichts leichter als das. Denn du bist wie ein geöffnetes Buch für mich. Es freut mich, daß du endlich zur Vernunft kommst und einsiehst, daß du ohne mich nicht leben kannst!" prahlte der Quälgeist. „Nun sag' schon: Wie lautet deine Frage?"

„Sage mir, wieviele Erbsen ich in meiner Hand halte?"

Da war der Quälgeist überfragt, er verschwand und kehrte niemals zurück.

176. Zu eng

Nach Tagen und Nächten des Umherirrens in der Wüste stieß ein Fremder völlig entkräftet auf die einsame Klause eines Eremiten.

Nachdem er getrunken hatte und wieder etwas zu Kräften gekommen war, fragte er den Eremiten: „Sag' mir, wie ergeht es dir in der Einsamkeit der Wüste?"

„Was erdreistest du dich, mir eine solche Frage zu stellen, der ich gezwungen bin, hier auf engstem Raume leben zu müssen?" entgegnete unwirsch der Eremit.

„Das verstehe ich nicht", widersprach der Fremde. „Wie kannst du dich beengt und eingesperrt fühlen, da du doch in der endlosen Weite der Wüste lebst?"

„Wenn die Welt nicht so klein wäre", sagte der Eremit, „wärst du niemals auf mich gestoßen."

177. Einstellung

Als der Kölner Dom zu Hälfte fertiggestellt war, kam eines Tages ein Besucher auf die Baustelle. Er ging herum, sah sich alles interessiert an und fragte dann einen Arbeiter, was er da mache.

„Ich behaue Steine", war die mürrische Antwort des Steinmetzes, der nicht einmal von seiner Tätigkeit aufblickte.

„Und was machst du?" fragte der Fremde einen anderen Arbeiter.

„Ich verdiene hier so viel Geld, wie ich eben nur kann", entgegnete der Arbeiter.

Der Besucher ging weiter und fragte einen dritten Arbeiter, der gerade einen Steinblock auf seiner Schulter trug, welche Tätigkeit er ausübe.

Mit einer großen Bewegung seiner freien Hand über die Baustelle sagte der Arbeiter: „Mein Herr, ich helfe, eine Kathedrale zu bauen."

178. Mutter

ie Trasse für die neue Straße war längst abgesteckt.
Doch in der Nähe einer kleinen Ortschaft behinderte
ein großer Felsen die einfache Streckenführung. Die Planer
hatten entschieden, daß ein kurzer Tunnel die preiswerteste
Lösung sei. Die Einwohner hatten sich seit Tagen an den
Lärm der Signalhörner und das ohrenbetäubende Donnern
der Detonationen gewöhnt.

Die Bauarbeiter waren erfahrene Männer, für die Spreng-
arbeiten zum Arbeitsalltag gehörten. Der Sprengmeister
füllte das Bohrloch mit Dynamit, dann gab er das Signal, und
alle Leute brachten sich in Sicherheit. Nie hatte es ein
Unglück gegeben. Doch eines Tages geschah das Unerwar-
tete: Das Sprengsignal war kaum verhallt, die Arbeiter hatten
sich zurückgezogen, die Lunte brannte und jeden Augenblick mußte die Explosion erfolgen, als die Männer zu ihrem
Entsetzen ein kleines Kind direkt auf den Sprengort zulaufen
sahen.

Sich der drohenden Gefahr nicht bewußt, beugte es sich
sorglos nieder und hob einen bunten Stein auf. In ihrer Panik
standen die Männer hinter ihren Deckungen auf, riefen das
Kind, gaben ihm mit ihren Armen Zeichen, und fröhlich
winkte das Kind zurück. Als hätte der Schreck ihnen allen die
Beine gelähmt – keiner der Männer rannte vor, um das Kind
zu retten, denn jeder von ihnen wußte, daß sie den Rückweg
nicht geschafft hätten. Das Verhängnis nahm seinen Lauf.

Das Kind wäre von den Gesteinsmassen erschlagen worden, wenn seine Mutter sich nicht genähert hätte. Sofort
erkannte sie die Situation und tat, was unter diesen Bedin-

gungen nur eine Mutter tun kann: Sie kniete nieder und öffnete lächelnd weit ihre Arme.

Das Kind lief auf sie zu. Als die Explosion die Stille zerriß, war das Kind sicher in ihren Armen.

179. Verzichtbar

Eine Frau wurde immer wieder von einem plötzlichen Heißhunger auf Süßigkeiten befallen. Kein Wunder also, daß sie ständig an Gewicht zunahm. Das machte ihr Kummer, der wiederum mit Süßigkeiten gemildert wurde, wovon sie weiter zunahm...

Sie ging darum eines Tages zu ihrem Hausarzt und sagte: „Ab und zu überkommt mich ein so schreckliches Verlangen, das ich nicht beherrschen kann. Bitte befreien Sie mich davon."

„Das ist in der Tat höchst seltsam", sagte der Arzt mit ernster Miene. „Können Sie mir zeigen, wie das Verlangen sich äußert?"

„Jetzt kann ich es Ihnen nicht zeigen", sagte die Patientin.

„Wann können Sie es mir denn zeigen?" fragte der Arzt.

„Ich weiß nicht. Es kommt ja immer ganz plötzlich."

„Dann kann es kein Teil Ihrer wahren Persönlichkeit sein", sagte der Arzt. „Denn wenn es Teil Ihrer wahren Natur wäre, dann könnten Sie es mir jederzeit zeigen. Wenn es nicht Teil Ihrer wahren Natur ist, brauchen Sie es auch nicht. Denken Sie mal darüber nach!"

180. Haarig

*E*in Mann beklagte sich beim Meister über seine nachlassenden Kräfte und die Zipperlein, die sich mit den Jahren einstellten.

„Man kann zwar nichts gegen das Alter tun", sagte der Meister, „aber man muß vermeiden, alt zu werden. Dir sollte es nicht ergehen wie dem Mann, der als der stärkste Mann aller Zeiten galt. Groß war sein Ruhm, denn nie hatte ihn jemand im Ringkampf besiegt. Er stemmte die schwersten Gewichte, trug die dicksten Baumstämme und konnte einen heranstürmenden Stier niederringen.

Eines Tages fand er in seinem Bart ein weißes Haar und brach in Tränen aus: ‚Die stärksten Männer habe ich besiegt, aber dieses Haar zwingt mich nieder. Selbst mit Stieren nahm ich den Kampf auf, doch vor diesem Haar bin ich machtlos.'"

181. Wie man hineinschaut

Eine arme Frau, die immer nur die Sorge um das tägliche Brot gekannt hatte und trotz aller Mühen und Plagen keine schöne Kleinigkeit ihr eigen nannte, sah bei einem Händler auf dem Markt zum ersten Mal in ihrem Leben einen Spiegel. Sie nahm ihn in die Hand und schaute hinein, und was sie da erblickte, erfüllte sie mit so großer Freude, daß sie ihn für ihr einziges Geld sofort kaufte.

Ihre Neuerwerbung versteckte sie im Hause gut vor ihrem Manne, denn der wäre sicher mit ihrer Geldverschwendung, wie er es nennen würde, nicht einverstanden. Aber natürlich konnte sie es sich nicht versagen, ab und zu in den Spiegel zu schauen und sich an dem Wunder zu erfreuen, das sie dort sah und das auch sie anblickte.

Ihrem Manne fielen nach und nach kleine Veränderungen in ihrem Wesen auf, und bald war er davon überzeugt, daß sie etwas vor ihm zu verbergen hatte. Darum nutzte er die Gelegenheit, als sie einmal nicht im Hause war, um ihre wenigen Habseligkeiten zu durchstöbern, und so fand er den Spiegel. Er nahm ihn in die Hand und schaute hinein.

„Verflucht!" rief er aus. „Habe ich es denn nicht vermutet? Sie hat einen andern. Aber zum Glück ist der Kerl abgrundtief häßlich."

182. Ablenkung

Ein Fürst hatte von einer wunderschönen Sklavin gehört, die in Buchara für zweitausend Goldstücke zum Kauf angeboten wurde. Er schickte einen seiner Minister, der die Sklavin erwerben und an seinen Hof bringen sollte.

Dem Fürsten gefiel die schöne junge Frau über alle Maßen, und er übertrug ihr das Amt des Handtuchreichens. So sah er sie jedes Mal, wenn er sich die Hände abtrocknen mußte. Das Abtrocknen dauerte von Mal zu Mal länger, denn ständig schaute der Fürst dabei die schöne Sklavin an. So verging einige Zeit. Eines Tages sagte der Fürst zu seinem Minister: „Ich habe dieser Sklavin die Freiheit gegeben und ihr ein Dorf geschenkt. Stelle du die Urkunden aus und veranlasse, daß sie einen ihr würdigen Mann heiratet und nicht mehr in meine Nähe kommt."

Sehr verwundert über diesen seltsamen Befehl wagte der Minister nach dem Grund für diesen Wunsch zu fragen. „Ich bin kein junger Mann", sagte der Fürst. „Mein Leben zählt siebzig Jahre. Und es wäre sehr unangebracht, wenn ein Siebzigjähriger sich wie ein Zwanzigjähriger beschäftigen würde. Als Siebzigjähriger muß ich mich mit dem Wohle meines Landes befassen. Ich war jedoch mit der Liebe beschäftigt. Ich war weder bei Gott, noch war ich bei den Menschen. Darum dieser Befehl."

183. Unausweichlich

*B*ei Verhandlungen im Bazar wurde einem Kaufmann der herrlich bestickte Mantel gestohlen. Der Dieb rannte in östlicher Richtung unbehelligt davon, denn alle waren von der dreisten Tat vollkommen überrascht.

Der Kaufmann, der sein wertvolles Kleidungsstück verschwinden sah, sprang auf und eilte nach Westen in Richtung Friedhof.

Einige Männer schlossen sich dem Kaufmann an. Als sie beim Friedhof angekommen waren, fragten sie den Kaufmann, warum er nach Westen gelaufen sei, während der Dieb doch in östliche Richtung geflohen sei.

„Ich werde ihm hier auflauern", sagte der Kaufmann. „Er muß notwendigerweise hierher kommen."

184. Großzügig

Ein Bettler klopft an die Pforte eines Klosters und bittet, zum Abt vorgelassen zu werden. Der Pförtner will den zerlumpten Kerl nicht hereinlassen und bietet ihm Brot und Wasser an. Doch der Bettler besteht auf seinem Wunsch, und dank seiner Hartnäckigkeit wird er endlich vor den Abt geführt.

Der Bettler hält dem Abt seine Bettelschale hin und verlangt, daß er sie ihm mit barer Münze fülle. Der Abt ist entsetzt über das unmäßige Verlangen des Bettlers, und außerdem findet er, daß die Schale viel zu groß sei. Doch der Bittsteller besteht auf seinem Wunsche, denn schließlich sei es doch auch ein Anliegen des Klosters, den Bedürftigen zu helfen.

Nach langen Hin und Her läßt der Abt dem Bettler die Schale bis zum Rand mit Münzen füllen, um den Quälgeist endlich loszuwerden.

Doch der Bettler ist grenzenlos glücklich, als er seine Schale voller Geld in Händen hält. Außer sich vor Freude leert er die ganze Schale vor den Füßen des Abtes aus und ruft begeistert: „So lange schon war es mein sehnlichster Wunsch, deinem Kloster eine Spende darzubringen. Doch weil ich armer Schlucker nichts zu geben hatte, beschloß ich, das Geld dazu von dir selbst zu erbitten!"

185. Vorbereitung

*E*in berühmter Maler war vom Bischof verpflichtet worden, die Kuppel und die Wände der Basilika auszumalen. Gerüste wurden aufgestellt, Planken und Leitern wurden herangeschafft. Dann kam der Meister.

Er stieg die Leitern hoch, stand auf dem Gerüst und starrte die Wand an, die Hände auf dem Rücken. Den ganzen Tag stand er so. Am nächsten Tag stand er ein wenig weiter rechts. Manchmal ging er einen Schritt zu Seite, dann wieder zurück. Tag für Tag stand er so und tat nichts weiter, als auf die Wand zu schauen.

Nach zwei Monaten wurde der Auftraggeber unruhig. Der Maler hatte schließlich weder einen Topf Farbe angerührt noch überhaupt einen Pinsel zur Hand genommen. Er stand nur immer da, die Hände auf dem Rücken.

Darum begab sich der Bischof selbst in seine Basilika und sagte zu dem Maler: „Mein Sohn, wie es scheint, macht dein Gemälde keine großen Fortschritte."

„Mein Vater", entgegnete der Künstler, „das Gemälde ist soeben fertiggeworden. Alles, was ich noch tun muß, ist die Wände anzumalen."

IX. Der Hoffnung vertrauen

186. Fundort

Zum Meister kam ein Schüler. Der Meister fragte ihn: „Was suchst du hier?"

„Ich suche Erleuchtung bei dir", erwiderte der Schüler.

„Was suchst du Erleuchtung bei mir?" fragte der Meister. „Du hast doch deine eigene Schatzkammer. Warum suchst du außerhalb?"

Verwundert rief der Schüler: „Ich soll eine Schatzkammer haben? Sag' mir: Wo ist sie denn, meine Schatzkammer?"

„Das, was du fragst, ist deine Schatzkammer", antwortete der Meister. „Öffne sie und gebrauche ihre Schätze."

187. Papierform

Der Meister ermahnte seine Schüler mit den Worten: „Über Gott nach dem Lesen der heiligen Schriften Aussagen machen zu wollen ist genau so einfältig, wie eine Hauptstadt zu beschreiben, wenn man sie nur auf der Landkarte mit kleinem Maßstab gesehen hat."

188. Beispiel

Unter den Schülern des Meisters war ein Streit entbrannt, wer von ihnen der Frömmste sei. Der Meister sah dem Treiben einige Zeit zu, dann sagte er mit leiser Stimme, die nicht zu überhören war: „Keiner von euch ist frömmer als unser Nachbar."

Sprachlos hielten die Schüler inne. Dann wagte der Vorlauteste von ihnen die Bemerkung: „Aber der murmelt doch höchstens einmal am Morgen den Namen Gottes. Dann arbeitet er den ganzen Tag auf dem Felde, und wenn er abends müde zu Bett geht, murmelt er ihn vielleicht noch einmal. Wieso soll der Bauer frömmer sein als einer von uns, die wir doch jeden Tag stundenlang meditieren und beten?"

Da nahm der Meister eine Schale, füllte sie mit Wasser und befahl dem vorlauten Schüler, mit der gefüllten Schale zehnmal den Baum zu umrunden, unter dem sie saßen.

Dieser ging zehnmal um den Baum herum und schaffte es wirklich, keinen Tropfen zu verschütten. Siegesgewiß gab er dem Meister die Schale zurück, doch der fragte ihn, wie oft er bei seinem Rundgang an Gott gedacht habe.

„Wie sollte ich an Gott denken, da ich doch meine ganze Konzentration darauf verwandte, keinen Tropfen Wasser zu verschütten?"

Da sagte der Meister: „Diese Schale mit Wasser beanspruchte deine Aufmerksamkeit so sehr, daß du Gott darüber vergessen hast. Und du hast den Hochmut, dich mit jenem Bauern zu vergleichen, der täglich zweimal betet, obgleich die Schwere der Arbeit und die Mühsal des Lebens auf ihm lastet."

189. Das Eine

"Erkenne das Eine", sagte der Meister. „Wer das Eine erkennt, wird alles erkennen. Die Nullen werden zu Millionen, wenn sie hinter der Eins stehen. Wird aber die Eins weggenommen, bleibt nichts.

So hat das Viele nur Wert in bezug auf das Eine. An erster Stelle stehe das Eine, dann das Viele. Sonst ist es bedeutungslos. Erst Gott, dann die Welt."

190. Erkenntnis

*E*in talentierter Schüler, der bei einem berühmten Maler in die Lehre ging, fragte ihn eines Tages: „Meister, sag' mir bitte: Was ist schwer zu malen?"

„Hunde, Pferde und Menschen sind schwer zu malen", antwortete der Meister.

„Und was ist leicht zu malen?" fragte der Schüler.

„Leicht zu malen sind Götter, Geister und Engel", sagte der Meister. „Hunde, Pferde und Menschen sind schwer zu malen, weil sie jeder kennt und jeden Tag sieht. Jedermann kann erkennen, ob sie gut oder schlecht gemalt sind, jeder hat gleich eine Meinung dazu. Götter, Geister und Engel jedoch haben keine für jedermann gültige Gestalt. Für jeden, der sie gesehen hat oder glaubt, sie gesehen zu haben, stellen sie sich anders dar. Darum sind sie leicht zu malen."

191. Gerecht

Ein frommer Mensch beobachtete, daß die Frau im Haus gegenüber ständig Besuch von Männern hatte. Eines Tages sprach er sie an und machte ihr heftige Vorwürfe: „Du bist eine große Sünderin. Tag und Nacht kommen Männer zu dir, denen du mit deinem Leib zu Diensten bist. Gott wird dich für deine Schandtaten strafen, und du wirst in die tiefste Hölle verbannt werden."

Die arme Frau war sichtlich erschüttert. Voller Verzweiflung flehte sie zu Gott und bat ihn um Vergebung. Doch sah sie aus ihrer seelischen Not keinen Ausweg, da sie in ihrem Gewerbe aufgewachsen war und nichts anderes wußte, um ihr Leben zu fristen. Jedes Mal, wenn sie mit ihrem Leib sündigte, vermehrte sich die Qual in ihrem Herzen, und mit inständiger Reue flehte sie Gott um Vergebung an.

Der Fromme erkannte, daß seine Ermahnungen nutzlos geblieben waren. Nun begann er das Haus gegenüber noch genauer zu beobachten. Für jeden männlichen Besucher legte er einen Stein beiseite, und allmählich wurde daraus ein kleiner Hügel.

Eines Tages zeigte er der Frau den Steinhaufen und erklärte: „Jeder Stein steht für einen deiner Besucher und darum für jede Sünde, die du mit deinem Leib begangen hast, seit der Zeit, als ich dich zur Abkehr von deinem sündigen Tun ermahnte."

Angesichts ihrer aufgehäuften Schande brach die Frau bitterlich weinend zusammen. Vollkommen hilflos und verzweifelt rief sie in ihrer Qual Gott um Erlösung aus diesem elenden Leben an. Und Gott erhörte ihr Gebet und beendete ihre irdische Not.

Doch schickte er seinen Todesengel auch in das Haus des Frommen, der am gleichen Tage verstarb. Engel geleiteten die Seele der Sünderin in den Himmel, während die Seele des Frommen in die Abgründe der Hölle gestoßen wurde. „Ist das etwa die göttliche Gerechtigkeit, an die ich alle meine Lebenstage geglaubt habe und darum in Armut und frommem Gebet die ewige Seligkeit erhoffte? Warum wird nun diese große Sünderin mir vorgezogen und kommt in den Himmel?"

„Wie die Saat deiner Gedanken, so soll deine Ernte sein", antworteten die Engel. „Was bist du doch für ein selbstgerechter Heuchler. Bei deinem scheinbar frommen Verhalten ging es dir nur um die Anerkennung deiner Mitmenschen. Nie hat dein Herz Gott gesucht. Diese beklagenswerte Frau jedoch betete immerwährend zu Gott in ihrem Herzen, wenngleich ihr Leib dabei auch sündigte.

Schau hernieder auf die Menschen, was sie mit deiner leiblichen Hülle tun: Sie schmücken deinen Leib, mit dem du nie gesündigt hast, mit Blumen und Girlanden und beerdigen ihn. Den sündigen Leib der Frau jedoch warfen sie auf den Schindanger. Doch ihr Herz war rein und darum geht ihre Seele ein in die Gefilde des Reinen. Deine Unaufrichtigkeit und selbstgerechte Heuchelei in der ständigen Betrachtung ihrer Sünden haben dich zum Sünder und dein Herz unrein gemacht. Darum geht deine Seele ein in die Regionen des Unreinen. Denn du warst die wahre Hure, nicht sie."

192. Verstehen

Ein Schüler, der schon lange Jahre beim Meister studiert hatte, kam eines Tages zu ihm und bat um eine Unterredung.

„Meister, seit vielen Jahren studiere ich die heiligen Schriften, meditiere, faste und folge getreulich allen Euren Anweisungen. Doch habe ich das Gefühl, der Erleuchtung noch keinen Schritt näher gekommen zu sein."

„Buddhas Lehre dient den Menschen zur Erleuchtung", entgegnete der Meister. „Doch wenn du von einer der Methoden, sie zu erlangen, abhängig bist, dann bist du nichts als ein unwissender Wurm. Es gibt hunderttausend Bücher über den Buddhismus. Auch wenn du sie alle studieren solltest, deine wahre Natur jedoch nicht erkennst, dann wirst du nicht einmal meine Worte verstehen."

193. Lebensglück

Zum Meister kam ein Mann und bat ihn, er möge einen Gedanken niederschreiben, der ihm und seiner Familie Anregung und Verpflichtung sein möge, damit das Glück seinem Hause gewogen bleibe.

Der Meister nickte nachdenklich. Dann nahm er einen Stift und schrieb:

Vater stirbt. Sohn stirbt. Enkel stirbt.

Das war nun gar kein so weises und glückverheißendes Motto in dem Sinne, wie es sich der Mann erhofft hatte. „Willst du mich verhöhnen?" rief er verärgert. „Natürlich werden wir alle sterben. Aber das ist doch kein Glücksmotto, das meiner Familie hilft!"

„Ich hatte nicht die Absicht, dich zu verärgern", sagte der Meister. „Und der Gedanke, den ich dir aufgeschrieben habe, ist tatsächlich ein Gedanke des Glücks. Denn bedenke das Unglück, wenn dein Sohn vor dir sterben würde. Wenn dein Enkel vor deinem Sohn sterben würde, wie stände es dann um euer Glück? Wenn in deiner Familie viele Generationen lang in der von mir geschriebenen Reihenfolge gestorben wird, so ist das der natürliche, von keinen schmerzlichen Verlusten erschütterte Ablauf des Lebens. Das nenne ich wahres Glück."

194. Wie ein Boot

*I*n tiefes Nachdenken versunken saß ein Schüler schon seit Stunden unter dem schattenspendenden Baum. Endlich ging der Meister auf ihn zu und fragte, welcher Kummer sein Herz so belaste, daß er sich so sehr zurückziehe.

„Ich grüble über die Frage nach, wie ich ein wahrhaftiges Leben führen soll, ohne gleich ins Kloster gehen zu müssen, um den Gefahren der Welt widerstehen zu können", sagte der Schüler.

„Betrachte das Boot dort auf dem Fluß", sagte der Meister. „Das Boot muß im Wasser sein, aber das Wasser darf nicht im Boot sein. Wer Gott zum Ziel hat, darf durchaus in der Welt leben, aber die Welt nicht in ihm."

195. Elefantastisch

Der Meister begegnete einem Asketen, der sehr stolz war auf die Yoga-Kräfte, die er anzuwenden wußte. Dieser bat den Meister, ihm doch Gesellschaft zu leisten, und sie sprachen über die verschiedenen Wege, die sie beschritten, um zur Erleuchtung zu gelangen.

Ein Elefant kam vorbei, und der Meister fragte den Asketen: „Kannst du den Elefanten durch die Kraft deines Willens töten?"

„Natürlich kann ich das", sagte der Asket. Er hob die linke Hand, bewegte unhörbar die Lippen, der Elefant brüllte laut auf, stürzte nieder und starb.

„Ich bin sehr beeindruckt von der wunderbaren Kraft, die du erlangt hast", sagte der Meister. „Aber ich denke, wenn du die Macht zu töten hast, wirst du sicher auch die Kraft haben, den Elefanten wieder zum Leben zu erwecken."

„Aber selbstverständlich kann ich ihn auch wieder auferstehen lassen", sagte der Asket. Er hob die rechte Hand, murmelte geheimnisvolle Worte, und wirklich: Der Elefant wurde wieder lebendig. Er erhob sich noch etwas benommen, und dann trottete er davon.

Der Meister lobte die wunderbare Macht des Asketen. „Das ist wirklich einmalig. Ich habe noch nie jemanden erlebt, der kraft seines Willens einen Elefanten töten und wieder zum Leben erwecken kann. Doch verrate mir noch eines: Was hast du damit gewonnen? Bist du der Erleuchtung dadurch ein wenig nähergekommen?"

Mit dieser Frage verabschiedete sich der Meister von dem ins Nachdenken gekommenen Asketen.

196. Innen und außen

*D*er Meister pflegte zu sagen, indem er auf sein Herz zeigte: „Wer es hier drinnen hat, der hat es auch draußen. Wer Gott nicht in seinem eigenen Innern findet, wird ihn auch außerhalb seiner selbst nicht finden. Wer ihn jedoch im Tempel seines Herzens erblickt, der wird ihn auch im Tempel der Welt erkennen."

197. Kein Neid

Der Meister sagte zu einem, der seinem Nachbarn den Erfolg und den Reichtum neidete:

„Der Neid macht dich nicht nur krank, er ist zudem vollkommen sinnlos, denn jeder Mensch ist entweder für das Paradies oder für die Hölle bestimmt. Kommt er in den Himmel, so wird er dort alles erhalten. Warum beneidest du ihn dann für das Wenige, was er hier auf Erden besitzt? Ist er aber für die Hölle bestimmt, so hast du erst recht keinen Grund, ihn um das zu beneiden, was er besitzt, bevor ihn sein schlimmes Ende ereilt!"

198. Der Hund der Begierde

Als der König durch die Stadt ritt, knieten sich alle Einwohner in den Staub der Straße nieder und neigten die Köpfe. Nur ein Fremder in zerlumpter Kleidung ging hoch erhobenen Hauptes seines Wegs, wie wenn ihn das Verhalten der Einheimischen nichts anginge.

Der König ritt auf den Mann zu und stellte ihn zur Rede: „Sag mir Fremder, der du es scheinbar nicht nötig hast, mir deine Achtung zu erweisen, obwohl du nur mit ein paar Lumpen bekleidet bist: Wer von uns beiden hat es besser, du oder ich?"

„Zwar bist du in Gold gekleidet", antwortete der Mann, „doch bist du auch mit Blindheit geschlagen. Denn wer sich selbst erhöht, hat nichts verstanden. Ich zweifele nicht im geringsten daran, daß ich es tausendmal besser habe als ein Mann wie du. Der Hund deiner Begierde ist der Herr deiner blinden Seele. Er hat dich auf die Stufe eines Esels erniedrigt. Er ist dein Herr, führt dich am Zügel und lenkt deinen Kopf, wohin er will. Wie sein Sklave tust du alles, was er will. Du bist nur ein unbedeutender Mensch.

Im Gegensatz zu dir kenne ich die Geheimnisse des Herzens. Und darum habe ich den Hund der Begierde zu meinem Esel gemacht, auf dem ich reite und den ich lenke. Dein Hund beherrscht dich. Mache ihn zu deinem Esel, wenn du nicht länger sein Esel bleiben willst."

199. Verschwindend

Ein Reicher prahlt mit seinen Besitztümern und mit dem Luxus, mit dem er sich umgibt.

„Wenn du die Augen zumachst", sagt der Meister, „im Wachen oder im Schlafen, dann siehst du von deinem ganzen Besitz nichts mehr. Wie kannst du stolz auf einen Besitz sein, der verschwindet, sobald du die Augen schließt?"

200. Sehnsucht

Vor langer Zeit lebte ein kleiner Junge zufrieden in einem Haus auf einem grünen Hügel. Ganz wunschlos glücklich war er allerdings nicht, denn es gab etwas, das wünschte er sich mehr als alles andere.

Jeden Abend saß er auf den Stufen vor der Haustüre. Die Ellenbogen auf die Knie und den Kopf in die Hände gestützt, schaute er unverwandt auf das Haus mit den goldenen Fenstern, die von der anderen Seite des weiten Tales herblinkten. Dieses Haus nahm seine Phantasie gefangen, und er malte sich aus, was dort für ein unvorstellbar prächtiger Palast sein müsse, dessen Fenster wie Gold funkelten. Er träumte von den edlen Menschen, die in einem solch kostbaren Haus lebten, und er wünschte sich nichts sehnlicher, als bei ihnen sein zu können.

Eines Tages hielt er seiner Sehnsucht nicht länger stand. Statt wie jeden Morgen in die Schule zu gehen, beschloß er, sich auf den Weg zu dem Haus mit den goldenen Fenstern zu machen.

Stundenlang lief er, um sein geheimnisvolles Ziel zu erreichen: erst den Hügel hinab, durch einen Hohlweg und dann über die Wiesen. Gegen Mittag ließ er sich unter einem Baum nieder, aß sein Schulbrot und wäre vor Müdigkeit fast eingeschlafen. Doch die Vögel im Geäst hielten ihn munter. Aber seine Rast mußte wohl doch länger als vermutet gedauert haben, denn es dämmerte schon, als er endlich den ersehnten Hügel hinaufstieg und am Ziel seiner Reise ankam. Aber wie enttäuscht muß er gewesen sein, als er statt des erträumten Palastes mit den goldenen Fenstern nur ein einfaches Bauernhaus vorfand, dessen Fenster statt aus goldenen Scheiben aus nichts anderem als ganz gewöhnlichem Glas waren.

Ein alter Mann und eine alte Frau wohnten in dem Haus, und sie nahmen den erschöpften Jungen liebevoll auf. Traurig schüttelten sie die Köpfe, als der kleine Wanderer ihnen von seinen Träumen und seiner großen Enttäuschung erzählte. Nach einer heißen Suppe und einem dicken Butterbrot steckten sie den Knaben in ein herrlich duftendes Bett, denn es war viel zu spät, ihn nach Hause zurückzubringen.

Früh am Morgen erwachte der kleine Junge. Erst wußte er gar nicht, wo er sich befand, doch sogleich erinnerte er sich an die Ereignisse des vergangenen Tages. Er stand auf, ging zum Fenster und als er den Vorhang beiseite zog, machte er eine wunderbare Entdeckung. Weit entfernt, auf dem Hügel auf der anderen Seite des Tales stand ebenfalls ein Haus, dessen Fenster strahlten und funkelten wie pures Gold, so schön, wie er es kaum jemals gesehen hatte.

Wirklich ergriffen aber machte ihn die Erkenntnis, daß er auf die Fenster seines eigenen Hauses schaute, und er war vollkommen glücklich, als er später am Tag zurückkehrte in sein Zuhause mit den goldenen Fenstern.

201. Einsicht

„Das Leben kann nur so schön sein, wie man es erkennen kann", sagte der Meister, und er erzählte von dem Mann, der auf einem Esel die Landstraße entlang ritt.

Nach einiger Zeit überholte ihn ein Reiter auf einem edlen Pferd. „Der kann sich ein herrliches Pferd leisten, während ich mich mit einem Esel begnügen muß", dachte er ein wenig neidisch.

Kurz darauf kam ihm ein Mann entgegen, der ächzend und schwitzend einen schwer beladenen Karren schob. „Ach, der arme Kerl muß sich abrackern", sagte er zu sich, „während ich mir doch immerhin einen Esel leisten kann."

202. Falsche Voraussetzungen

Ein Schüler, der die Erleuchtung erlangen wollte, saß Tag für Tag in der Meditationsstellung und murmelte den Heiligen Namen. Er war für niemanden ansprechbar und für nichts zu gebrauchen.

Eines Tages setzte sich sein Meister neben ihn und begann, den mächtigsten eisernen Stößel aus dem größten Mörser des Tempels an einem Stein zu reiben.

So ging es drei Tage lang: Der Schüler murmelte in Meditation, der Meister schliff den Stößel. Am dritten Tag fragte der Schüler den Meister, was er denn da mache.

„Ich will aus dem Stößel eine Nadel schleifen", antwortete der Meister.

„Aber das ist doch unmöglich. Das ist doch der größte Mörserstößel, den ich je gesehen habe. Wie kommt es nur, daß Ihr glaubt, daraus eine Nadel schleifen zu können?"

„Warum soll ich nicht daran glauben", sagte der Meister. „Du glaubst ja auch, durch unaufhörliches Murmeln des Heiligen Namens zur Erleuchtung gelangen zu können."

203. Andererseits

*E*in Schüler beklagte sich beim Meister, daß er trotz des langen Studiums der heiligen Schriften der Erleuchtung nicht näher gekommen sei.

Wortlos reichte der Meister ihm eine kostbare kleine Schatulle, und mit einem freundlichen Nicken forderte er den Schüler auf, das Kästchen zu öffnen. Der Schüler hob den Deckel an und fand eine kleine Tafel, auf der in schönster Schrift zu lesen stand: „Wende und lies!"

Verwundert drehte er die Tafel um und las. Auf der Tafel stand geschrieben: „Wenn du nicht einmal das übst, was du weißt, wie kannst du dann das suchen, was du nicht weißt?"

204. Zuhören

Ein Mann, der die dauernden Streitigkeiten mit seiner Frau nicht länger ertragen konnte, bat den Meister um Rat und Hilfe.

"Kaum macht einer von uns den Mund auf, unterbricht ihn der andere schon. Ein Wort ergibt das andere, dann haben wir gleich wieder Streit miteinander, und jeder von uns ist mürrisch und schlecht gelaunt", sagte der Mann. "Dabei lieben wir uns doch, aber so kann es nicht weitergehen. Ich weiß einfach nicht mehr, was ich machen soll."

"Du mußt lernen, deiner Frau zuzuhören", sagte der Meister. "Und wenn du sicher bist, daß du diese Regel beherrschst, dann komme wieder zu mir."

Nach drei Monaten sprach der Mann wieder beim Meister vor und erklärte, er habe jetzt gelernt, auf jedes Wort, das seine Frau sagt, zu hören.

"Gut", sagte der Meister mit einem Lächeln. "Wenn du in einer glücklichen Ehe leben willst, mußt du jetzt noch lernen, auf jedes Wort zu hören, das sie nicht sagt."

205. Ruhe finden

„Ich bin immer so ruhelos. Ich kann mich nicht konzentrieren. Ständig gehen mir tausend Gedanken durch den Kopf, und ich komme gar nicht zur Ruhe", klagte ein Schüler und bat den Meister, ihm doch zu helfen.

„Es ist das beste, wenn du deinen ruhelosen Geist zu mir bringst", empfahl der Meister.

Verwundert sagte der Schüler einige Zeit später: „Ich kann meinen Geist nicht finden."

„Dann ist dir ja schon geholfen", erwiderte der Meister.

206. Nichts verpaßt

Zwei Männer waren zusammen aufgewachsen und seit ihrer Schulzeit befreundet, denn beide verband eine große Leidenschaft: der Fußball. Jeden Samstagnachmittag trafen sie sich auf dem Sportplatz, fieberten mit ihrem Verein und besprachen das Spiel anschließend in ihrem Stammlokal. Natürlich kannten sie alle Spieler und alle Tabellenplätze in jeder Saison. Es gab kein Spiel, das sie nicht besuchten.

Fast kein Spiel, denn in einer Saison versäumten sie sieben Spiele. Das war in dem Jahr, als einer von ihnen schwer erkrankte. Doch statt alleine zum Spiel zu gehen, und dem Kranken danach von dem Match zu erzählen, blieb der Gesunde bei seinem Freund, saß an seinem Krankenbett und sie redeten von den Höhepunkten und den Niederlagen ihres Vereins.

Der Kranke wurde nicht wieder gesund und verstarb bald darauf. Später sagte einmal sein Freund: „Ich habe viele gute Spiele gesehen. Ich habe einige herausragende Spiele gesehen. Doch die Spiele, die ich am meisten genossen habe, waren die Spiele, die ich versäumte."

207. Sinnsuche

*D*er Meister sagt: „Ihr, die ihr nach Erleuchtung sucht, gleicht einem Kinde, das im Großstadtgewimmel seine Mutter verloren hat.

Gute Leute wenden sich ihm zu und fragen: ‚Wie heißt deine Mutter?'

Das Kind antwortet: ‚Das weiß ich nicht.'

‚Wo steht denn euer Haus?' fragen die Leute.

Das Kind antwortet: ‚Das weiß ich nicht.'

‚Wie heißt denn die Straße?' fragen die Leute.

Das Kind antwortet: ‚Auch das weiß ich nicht.'

‚Und was soll nun mit dir geschehen?' fragen die Leute.

‚Das weiß ich nicht', antwortet das Kind. ‚Ich weiß nur eines: Ich will zu meiner Mutter!'"

208. Erhellend

Zum Meister kam ein alter Mann und bat ihn um Rat. „Ich bin schon fast siebzig Jahre alt und habe ein schweres Leben gehabt. Seit meiner Kindheit habe ich mich auf den Feldern geplagt. Aber nun sind auch meine Kinder versorgt, und mein ältester Wunsch bedrängt mich immer noch. Ich wollte seit jeher gerne studieren und schwierige Bücher lesen und verstehen. Doch nun fürchte ich, ist es dazu längst zu spät."

„Das Alter ist kein Grund, nicht zu studieren", antwortete der Meister. „Wenn es auch spät ist, dann zündest du eben eine Kerze an."

„Was soll der Spruch von der Kerze? Willst du dich über mich lustig machen?" fragte empört der alte Mann.

„Warum sollte ich alter Mann mich wohl über den ehrenwerten Wunsch eines anderen alten Mannes lustig machen wollen?" entgegnete der Meister. „Mir ist nur eingefallen, was ich einmal einen Weisen habe sagen hören: Er sagte, man könne das Lernen eines jungen Menschen vergleichen mit den Strahlen der Morgensonne, die das Dunkel der Unwissenheit allmählich verdrängen. Wenn der reifere erwachsene Mensch sich im Studium befinde, leuchte ihm die helle Sonne der Mittagszeit. Wenn er aber an seinem Lebensabend die gelehrten Bücher studieren wolle, dann leuchte ihm ein Kerzenlicht. Das hat nun keine sehr weite Strahlkraft, aber es ist erhellend genug, um zu verhindern, daß man im Dunkeln blind umherstolpert."

209. Schwarz und weiß

Ein Schriftgelehrter, der sehr auf seinen Ruhm und seine Anerkennung bedacht ist, kommt in Begleitung seines Schülers an einen Fluß. Sie suchen nach einem Fährmann, doch nach einer Weile bemerkt der Gelehrte, daß sein Schüler verschwunden ist. Schließlich sieht er ihn vom anderen Ufer herüberwinken. Der Schüler hat das Wasser zu Fuß überschritten.

Als endlich auch der Gelehrte mit Hilfe eines Bootes ans andere Ufer gelangt, fragt er seinen Schüler höchst verwundert: „Wie kommt es, daß du etwas kannst, was ich nicht kann? Du hast doch all dein Wissen durch mich erhalten. Wodurch hast du dann diese wunderbare Fähigkeit erlangt?"

„O mein Meister", antwortet der Schüler, „ich habe mich all die Jahre damit beschäftigt, mein Herz weiß zu machen, und du damit, das Papier mit deiner Tinte schwarz zu machen."

210. Bedeutungslos

*D*er König leidet auf einer Reise starken Durst. Die mitgeführten Wasservorräte sind erschöpft. Ein weiser Mann aus seinem Gefolge sagt zu ihm: „Wenn du jetzt auf dieser Reise noch zehn Tage lang kein Wasser fändest, würdest du dann für einen Becher frischen Wassers die Hälfte deines Reiches geben?"

„Ja, das würde ich tun", antwortet der König.

„Und wenn sich dann herausstellen sollte, daß dein Mund und deine Kehle so ausgedörrt sind, daß du die Hilfe eines Arztes bräuchtest, um trinken zu können, würdest du dann dem Arzt die andere Hälfte deines Reiches geben?"

„Ja, auch das würde ich tun", bestätigt der König.

„Dann hänge dein Herz nicht an ein Reich, das nur einen Becher Wasser wert ist!"

211. Schweigen

*D*er Meister sagt: „Oft habe ich bereut, daß ich geredet habe. Aber niemals brauchte ich zu bereuen, daß ich geschwiegen habe.

Eine der grundlegenden Wahrheiten besteht aus zehn Teilen. Einer davon ist: wenig reden. Die neun anderen sind: schweigen.

Um gelehrte Gespräche über Wissenschaft und Weisheit zu führen, braucht man viel Verstand. Unendlich viel Verstand aber braucht ein Gelehrter, der schweigen soll."

Weisheitsgeschichten

Norbert Lechleitner
Balsam für die Seele
201 überraschende
Weisheitsgeschichten,
die jeden Tag ein wenig
glücklicher machen
ISBN 978-3-451-29586-7

Norbert Lechleitner
Zeit für die Seele
100 überraschende
Weisheitsgeschichten,
die jeden Tag ein wenig
sonniger machen
ISBN 978-3-451-29674-1

HERDER